Caroline Rosales/Isa Grütering
MAMA MUSS DIE WELT RETTEN

atb aufbau taschenbuch

Caroline Rosales, geboren 1982 in Bonn, arbeitet als Redakteurin und schreibt fast täglich auf ihrem Blog *stadt-land-mama.de*. Sie lebt mit ihrem Mann und Sohn Maxime in Berlin-Prenzlauer Berg. 2012 erschien ihr erstes Buch *Ich glaub, mich tritt ein Kind*.

Isa Grütering, geboren 1976 in Halle/Saale, ist seit über zehn Jahren im Medienbereich tätig. Seit 2011 betreibt sie den Mama-Blog *hauptstadtmutti.de*. Außerdem ist sie Mitgründerin von *workyoulove.de*, einem Karrierenetzwerk für berufstätige Mütter. Sie lebt mit ihrem Mann und ihren Söhnen Friedrich und Gustav in Berlin-Pankow.

Das Baby ist auf der Welt, und plötzlich besteht der Alltag der frischgebackenen Mama aus Stillen, Schmusen, Strampelübungen und Spazierengehen. Nur ein wichtiges S-Wort fehlt: die Selbstverwirklichung. Dabei geht beides – auf einmal! Dieses Buch ist für Mütter, die für ihre persönliche Erfüllung nicht alleine ihr Baby verantwortlich machen wollen, sondern denen in ihrer Elternzeit zwischen Krabbelgruppe und Gläschen-Shopping auch mal richtig die (Schnuffel-)Decke auf den Kopf fällt. Und die sich fragen, was sie für sich selbst tun können. Die Antwort lautet: ALLES!

Caroline Rosales/Isa Grütering

MAMA
MUSS DIE WELT
RETTEN

Wie Mütter vom Wickeltisch aus
Karriere machen

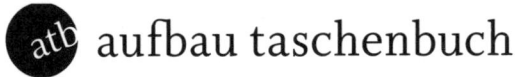 aufbau taschenbuch

FSC

www.fsc.org

MIX

Papier aus ver-
antwortungsvollen
Quellen

FSC® C083411

ISBN 978-3-7466-2988-9

Aufbau Taschenbuch ist eine Marke
der Aufbau Verlag GmbH & Co. KG

1. Auflage 2013
© Aufbau Verlag GmbH & Co. KG, Berlin 2013
Umschlaggestaltung und Illustrationen
Sebastian Rohde/Freimauer.com
Satz LVD GmbH, Berlin
Druck und Binden – CPI Clausen & Bosse, Leck
Printed in Germany

www.aufbau-verlag.de

Inhaltsverzeichnis

III. Die beste Mutter der Welt – das bist du!

Vorwort der Autorinnen

»Dieses Gefühl, das man als neugeborene Mutter hat: Zur selben Zeit völlig übermüdet zu sein und dabei trotzdem zu Tode gelangweilt …«

Autsch! Dieser Spruch von Schauspielerin Tanya Neufeldt, Mutter des dreijährigen Noah, traf mich völlig unvorbereitet – aber er saß. Fast hätte ich, Caro, mich an meinem Stück Brezel, das ich gerade kaute, verschluckt. Aber ich riss mich zusammen, trank einen Schluck Milchkaffee, und schrieb den Satz brav in mein Notizheft. Ich wusste schon jetzt, dass ich Großes mit ihm vorhatte.

Einen Tag später beim Lunch sagte dann unsere Lektorin Stefanie Werk, selber Mutter von zwei Kindern, dass doch gerade dieses Gefühl, plötzlich 24 Stunden am Stück fremdbestimmt zu sein, den Wunsch auslöse, sich neu erfinden zu wollen. Und ich schrieb mit Spaghetti-Bolognese-Gabel in der linken und Stift in der rechten Hand wieder fleißig mit. Da war es schon wieder: Sich neu erfinden, fremdbestimmt, aber glücklich. Der Gedanke ließ mich nicht mehr los.

Auf dem Heimweg vom Lunch erzählte mir meine Co-Autorin Isa, dass sie diese Gedanken während der ersten Zeit mit ihrem ältesten Sohn Gustav gar nicht gehabt habe. Dass ihr damals lange Zeit das Ins-Café-Gehen, die Krabbelgruppe und die Treffen mit anderen Mamas gereicht hätten. Den Wunsch, wieder etwas auf die Beine stellen zu wollen, habe sie erst ein halbes Jahr später verspürt – dann aber richtig.

Mittlerweile betreibt Isa mit *hauptstadtmutti.de* einen der größten Mama-Blogs Deutschlands und baut gleichzeitig das Berufsportal *workyoulove.de* auf, das sich an Mütter auf Jobsuche richtet. Und mit ihrem Wunsch nach Selbstverwirklichung ist sie nicht allein: Eine der bekanntesten und sicherlich auch einflussreichsten Gleichgesinnten ist die Facebook-Geschäftsführerin Sheryl Sandberg. Jetzt ist ihr Mama-Karriere-Buch *Lean In: Women, Work, and the Will to Lead* erschienen, parallel dazu entsteht das gleichnamige Online-Portal. Verkürzt gesagt macht sich Sandberg dafür stark, dass Frauen und vor allem Mütter mehr »wollen sollen« und nicht ihre eigenen Berufsträume durch Familienplanung ausbremsen dürfen.

»Unsere Revolution«, und damit meint sie die Frauenbewegung weltweit, »ist steckengeblieben«, sagte Sandberg dem US-Fernsehsender CBS. Dass sie damit einen Nerv getroffen hat, zeigt der Erfolg des Buches, das mittlerweile zu einem internationalen Bestseller geworden ist.

Doch was heißt das alles unterm Strich? Für unseren Alltag, für unser Leben als Frauen und Mütter, für unsere Pläne und Lebensträume? Was sollen oder müssen wir denn tun? Sollen wir eine – wie auch immer geartete – Revolution anführen, die Welt retten?

Mitnichten natürlich! Wie soll das auch gehen? Isa und mir ist es wichtig zu betonen, dass wir jede Meinung und jeden Lebensentwurf wichtig und respektabel finden. Wir wollen nicht versuchen, Mütter aufzurütteln oder schlimmer noch, ihnen Schuldgefühle einzujagen. Mit diesem

Buch wollen wir nur eines: Den Leser inspirieren und ermutigen, indem wir ein Dutzend großartiger Mütter vorstellen, die ihren Traum von Beruf und Familie verwirklicht haben.

Wir glauben, dass viele Mütter eine ähnliche Zerrissenheit empfinden wie wir: Auf der einen Seite sind da unsere Kinder – die süßesten und klügsten der Welt – und auf der anderen Seite stehen wir, mit unseren Wünschen, Lebensträumen und Hoffnungen, die von einem Tag auf den anderen auf Stand-by laufen sollen.

Und dann – manchmal ganz schnell oder auch erst in den nächsten Monaten und Jahren – stellt man sich die Frage, was man macht, wenn die Kinder groß sind, ob man in seinem alten Job wieder so funktionieren kann wie vorher, ob man das überhaupt noch möchte oder vielleicht sogar eine bessere Möglichkeit findet, um Kind und Karriere zu vereinbaren. Man beginnt zu prüfen, ob der Beruf einen überhaupt noch glücklich macht oder ob nicht vielmehr die Elternzeit auch ein guter Zeitpunkt ist, mal etwas anderes auszuprobieren, sich neu zu erfinden?

In den Vereinigten Staaten gibt es mittlerweile stapelweise Bücher, die sich mit dem Thema Mama und Karriere beschäftigen. Sie heißen *Millionaire Mum*, *The Digital Mum Handbook* oder *Found It* und sind Ratgeber von Müttern, die mit ihren Kindern im Schlepptau Karriere machen wollen.

In Deutschland, wo leider die meisten Väter (76 Prozent) laut Statistischem Bundesamt höchstens zwei Monate Elternzeit nehmen, liest man darüber (noch) nicht so viel, obwohl die Zahl der Mütterblogs und Start-up-Unternehmen von Gründerinnen mit Kindern stetig steigt.

Und deshalb werfen wir jetzt alles zusammen: Die Statistiken, die Meinungen, die Erfolgsgeschichten, die Episoden des Scheiterns, die Freuden- und die Kummertränen und den ein oder anderen lebensnahen Tipp.

Und zum Schluss noch eine große Schaufelladung Schulterklopfen für alle Mütter dieser Welt!

Wir wünschen Euch viel Spaß beim Lesen, Schmökern und Sich-inspirieren-Lassen.

Caro & Isa

I.

Vom Baby-Blues zur Wiedergeburt als Selfmade-Mama

1. Wochenbett – und dann?

Es gibt eine Sache, die kaum jemand über mich weiß. Naja, allerhöchstens mein Mann. Aber nicht mal meiner Mutter oder unseren engsten Freunden, nur meinem Dad habe ich es vielleicht einmal erzählt: Ich esse Sahne. Und zwar tassenweise. Geschlagene Sahne, am liebsten ungesüßt. Und wenn es sie nicht geschlagen gibt, dann trinke ich sie eben aus dem Plastikbecher. Direkt aus der Kühlschranktür. Mein bisheriger Rekord liegt bei einem halben Liter.

Helmut Kohl würde mich verstehen. Der ehemalige schwedische Ministerpräsident Göran Persson hat ihn nämlich während einer erhitzten Debatte dabei beobachtet, wie er Butter aß. Tellerweise Butter.

Eine ähnliche Geschichte erzählten mir meine Eltern über einen alten Freund. Seine Verlobte hatte ihn verlassen, sein Leben lag in Trümmern, und er begann zu hyperventilieren. Da setzte ihn seine Mutter daheim auf das Sofa und brachte ihm ein großes Bierglas randvoll mit flüssiger Schlagsahne.

Er trank, und mit jedem Schluck sank er tiefer in die Häkelkissen.

Dasselbe tat ich auch. Fast jeden Tag. Es waren einfach die Nerven. Das große Neue, das da plötzlich über Nacht in mein Leben als Zeitungsredakteurin hereingebrochen war, mein Baby. Es wirbelte mich durcheinander, machte mich nervös und manchmal auch ängstlich. Dabei schlummerte der zwei Wochen alte Maxime die meiste Zeit, eingekeilt zwischen meinem Speckbauch und dem Stillkissen, während vor dem Fenster unserer Wohnung in Prenzlauer Berg leise die Schneeflocken tanzten. Wenn man Glück hat, schlafen Neugeborene viel. Und ich hatte Glück: An manchen Tagen verharrte ich stundenlang in einer unbequemen Bein-Fuß-Schneidersitzstellung, damit dieses kleine wundersame Wesen bloß nicht aufwachte. Der Kühlschrank, die Sahne: leider unerreichbar. Es war absurd, noch nie in meinem Erwachsenenleben hatte ich soviel Zeit wie jetzt, war ohne Verpflichtungen und ohne jeglichen Druck und fühlte mich zur selben Zeit unfreier als jemals zuvor. Wahrscheinlich könnte man eine Doktorarbeit mit diesem bizarren Widerspruch, den eine gerade frisch geborene Mutter empfindet, füllen.

Aber naja, bei dem ganzen Sitzen hatte ich zumindest sehr viel Zeit, nachzudenken. Sicherlich würde, nein, müsste ich das alles beim zweiten Kind anders machen, aber damals wusste ich es nicht besser. Ich war 29 Jahre alt, die Schwangerschaft hatte mich plötzlich aus einem wilden Ausgeh-Reise-Workaholic-Leben herausgerissen, und ich wusste absolut nichts über Babys.

Die Vorstellung, Maxime zu bekommen, tatsächlich ein Baby zu haben, war selbst in den letzten Wochen meiner Schwangerschaft noch so irreal, dass ich nicht einmal daran gedacht hatte, einen Babyratgeber zu lesen.

Ich wollte erst einmal wirklich sichergehen, dass er da ist, dass es ihn gibt, ihn in den Armen halten, bevor ich mich mit Bäuerchen, Windeltypen oder Stillproblemen auseinandersetzte.

Und so kam es, dass ich mich völlig ahnungslos auf die

anfangs noch täglichen Besuche meiner Hebamme Jule verließ.

So hockten wir dann tage-, nein, wochenlang zu Hause herum, Maxime und ich. Oft saß ich einfach nur da und konnte meinen Blick nicht von ihm abwenden. Noch nie war mir ein Mensch so vertraut und doch so völlig fremd gewesen. Ich starrte ihn an, statt zu schlafen. Wenn er aufwachte, stillte ich ihn. Wenn er weinte, trug ich ihn, vorbei an den Geschirrbergen in der Spüle, den Stapeln dreckiger Wäsche, die sich zu den herumliegenden Babysachen, Geschenken, Schuhen, Zeitschriften und den noch unausgepackten Umzugskartons gesellt hatten.

Die meiste Zeit jedoch schlief Maxime. Sechs, sieben Stunden am Tag. Stunden, in denen ich in unserer Wohnung gefangen war, und die ich füllen musste, aber durch meine Bräsig- und Müdigkeit vom vielen Rumsitzen nicht sinnvoll zu füllen vermochte. Ich aß, döste, saß noch mehr rum. Manchmal schaffte ich es, Maxime in den Stubenwagen zu legen, ohne dass er aufwachte. Dann schob ich den Wagen hinter die Couch, damit er vom Flimmern des Fernsehers nicht aufwachte, legte mich im Pyjama auf die Kissen und lud mir bei iTunes einen Film nach dem anderen herunter – herrlich. Aber nur für kurze Zeit. Nach ein paar Wochen hatte ich es mächtig satt. Ich hatte fast alle neuen Filme gesehen, die mich auch nur ein bisschen interessierten, und grübelte mehr, als dass ich fernsah.

Dieser Wechsel von einem randvollen, neunstündigen Arbeitstag zu einem Leben auf dem Sofa war hart. Mein Leben war komplett auf null gestellt: Ich war an die Wohnung gefesselt. Und so sollte es das ganze nächste Jahr weitergehen?

Dabei hatte ich Glück: Zwar schmerzte meine Kaiserschnittnarbe, ich war noch zehn Kilo zu schwer und heulte viel vor mich hin, aber Maxime war insgesamt ein pflegeleichtes Baby und ich ganz gut im Lesen seiner Babygedanken. Er schrie eigentlich nur, wenn er Hunger hatte, und schlief relativ mühelos nach einer halben Stunde Rumprobieren wieder ein. Auch die Dreimonatskoliken blieben ihm und mir erspart. Dass er bis zu seinem ersten Lebensjahr jede erdenkliche Kinderkrankheit mitgemacht haben würde, ahnte ich damals glücklicherweise noch nicht.

Dank des Kita-Notstands in Berlin lag eine Betreuung in weiter Ferne. Es konnte also durchaus sein, dass ich mehr als ein Jahr mit Maxime zu Hause sitzen müsste. Und das gefiel mir gar nicht.

In anderen Zivilisationen ging es doch auch anders: Die Mutter lebt weiter, das Kind macht mit und nimmt an ihrem Leben teil. Das ergab für mich komplett Sinn. Und offenbar nicht nur für mich, sondern auch für andere Frauen der westlichen Welt: »Danke, kleine Leila, für die Momente, in denen ich nicht auf Dich, sondern auf meinen Computerbildschirm gestarrt habe«, schreibt die Buchautorin und frühere *New York Times*-Korrespondentin Pamela Druckerman in der Danksagung ihres Buches *Warum französische Kinder keine Nervensägen sind: Erziehungsgeheimnisse aus Paris* an ihre Baby-Tochter.

Die durchaus umstrittene Bestsellerautorin Amy Chua geht in ihrem Buch *Die Mutter des Erfolgs* sogar noch weiter. Ihr Baby Sophia scheint nicht Mittelpunkt in ihrem Leben zu sein, sondern Zuschauer: »Bis sie ein Jahr alt war, lebte sie ruhig und beschaulich dahin und tat im Wesentlichen nichts anderes als zu schlafen, zu essen und mich bei meiner Schreibblockade zu beobachten.«

Also musste es doch irgendwie gehen. Zwei Frauen, die ich für ihren Spagat zwischen Karriere und Kindern bewundere, hatten es vorgemacht. Das wollte ich auch. Das Baby, meine Arbeit und ich – alles unter einem Hut.

Zwar beschlich mich schon ziemlich schnell die Ahnung, dass Maxime vielleicht nicht dieses ruhige, genügsame Baby bleiben würde, das er in den ersten Wochen gewesen war. Ich war aber überzeugt davon, dass nicht nur mein Leben seinen kleinen Babybedürfnissen weichen, sondern auch er sich dem Rhythmus seiner Mama anpassen musste!

Meine Freundin Katja sah das genauso. Sie nutzte die Schlafenszeiten ihres Babys, um durchzupowern, erzählte sie mir am Telefon. Katja, eine studierte Volkswirtin und Marketing-Genie, arbeitete seit zwei Jahren von zu Hause aus als Managerin für Schauspieler und Musiker. Konnte auch ich mit Baby in mein altes Leben zurück? Bis jetzt war ich Redakteurin bei einer großen Berliner Tageszeitung. Aber wollte ich das für immer machen? Plötzlich wurde mir bewusst, dass ich genau jetzt hatte ich die Chance, mich noch einmal komplett neu zu erfinden. Die Zeit als neue Mama war die perfekte Zäsur in meinem Leben, um noch einmal alles komplett zu überdenken. Und genau dieses Gefühl war so aufregend: Wenn nicht jetzt, wann dann? Der Baby-Blues als Auftakt für etwas ganz Neues? Warum eigentlich nicht? Goethe hatte einmal gesagt: »Langeweile! Du bist Mutter der Musen.« Der konnte ja nur uns Mütter gemeint haben! Ha!

Neben meinem Job bei der Zeitung studierte ich seit einigen Monaten – quasi berufsbegleitend – Zentralasien-

Studien. Das erste Semester hatte ich hochschwanger und schon in Elternzeit gerade so hinter mich gebracht, es fehlten nur noch die Hausarbeiten am Semesterende. Aber würde ich mit Baby überhaupt noch weitermachen wollen? Außerdem gab es damals noch eine dritte Baustelle. Mein erstes Buch. *Ich glaub, mich tritt ein Kind* ist ein Buch über Schwangerschaft und neue Mütter. Ich hatte das Projekt zu Beginn meiner Schwangerschaft begonnen und bis zum letzten Tag mit dickem Bauch daran gearbeitet. Nach Maximes Geburt fehlten noch 10 Kapitel, die ich innerhalb eines Monats fertigschreiben musste.

Mein bester Freund Aram ist kurz vor Maximes Geburt zu einer langen Reise aufgebrochen. »Erfinde dich neu, Arami«, hatte ich ihm zum Abschied am Flughafen zugerufen. Aram, der, seit wir uns kannten, im Seidenbademantel darüber grübelt hatte, was wohl aus ihm und seiner Musik werden sollte. Immer wieder hatte er im Studio gesessen, geschrieben, komponiert und sich seinem Weltschmerz hingegeben. Ich war damals noch Gesellschaftsreporterin, hetzte von einer Party zur anderen, Berlinale, Fashion Week, Bambi-Verleihung und bewunderte Aram für seine Ruhe und seinen Müßiggang. Er hatte drei Jahre gebraucht, um die Platte zu machen, die er immer machen wollte, und diese entpuppte sich als Volltreffer. Heute ist Aram ein erfolgreicher und renommierter Künstler.

Was aber würde ich aus meinem neuen Leben machen? Ich würde darüber nachdenken müssen. Und das tun zu dürfen, während ich mein Baby im Arm hielt, fühlte sich plötzlich an wie ein Stück vom Paradies.

Ideen für Zerstreuung und Müßiggang nach der Geburt

**(Bitte abschreiben, ausschneiden, durchmischen
und jeden Tag einen der Zettel ziehen)**

- Albert Camus *L'Exile et le Royaume* lesen und beim Buggy-Schieben über die Geschichten und ihre philosophischen Botschaften nachdenken.
- Enten füttern.
- Mit dem (schlafenden) Baby ins Café gehen und eine große heiße Schokolade bestellen – im Sommer natürlich eine Eisschokolade!
- Den ersten Urlaub mit Baby planen.
- Einen Baby-Massage-Kurs besuchen und mit anderen Mamis bei Stilltee und Keksen (die gibt's da immer, also meistens!) quatschen.
- Dem Baby zu Hause auf der Couch erzählen, was es alles mit Mama erleben wird.
- Ein Bad mit dem Baby nehmen (am besten, der Papa, die Oma oder Freunde spielen den Bade-Butler. Dann muss man nicht sich und das Baby auf einmal abtrocknen).
- Seinen Kleiderschrank aufräumen und alle Schwangerschaftsklamotten verbannen/in die Altkleidertonne werfen/ aufheben und verwahren für die nächste Schwangerschaft.
- Alle alten und neuen Freunde anrufen und ihnen vom Wunder des Mamaseins erzählen und sich bei ihnen wieder auf den neuesten Stand bringen!
- Und ansonsten natürlich schlafen, so oft es möglich ist!

2. Ich glaub, mich tritt ein Kind: Von Teilzeit-Stellen, Bewerbungsfallen, Kündigungen und Karriereknicks

»Ach, das ist aber schade! Also nicht, wie Sie denken, verstehen Sie mich bitte nicht falsch. Aber wir dachten, wir könnten Sie nach Ende Ihres Praktikums ab dem nächsten Monat fest einstellen, aber jetzt sind Sie ja schwanger ...«

Das war's! Sachen packen, bitte! Die Personalleiterin hatte gesprochen. Die Karriere meiner Freundin Charlotte in der Verwaltung einer großen Hotelkette würde auf einen Schlag zum Monatsende, also in genau zwei Tagen, beendet sein. Charlotte, 26 Jahre alt, seit drei Jahren verheiratet, war damals im fünften Monat schwanger, und irgendwie hätte sich der erste feste Job nach zwei Jahren Ausbildung und vier Jahren Studium richtig gut im Lebenslauf gemacht.

Nach diesem Gespräch habe sie den ganzen Nachmittag in ihrem Sessel gelegen und geheult, erzählte mir Charlotte ein paar Tage später. Denn obwohl viele ihrer Freunde sie damit beruhigen wollten, dass ihr Mann genug verdiene, um die Familie zu versorgen, kam dies für Charlotte nicht in Frage. Sie wünsche sich etwas anderes, als den ganzen Tag zu Hause zu hocken und das Abendessen zu planen, sagte sie.

Charlotte blickte genervt ins Leere. Wir saßen auf ihrer Couch im Wohnzimmer, dort, wo sie die nächsten Monate sehr, sehr oft sitzen würde. »Cooking, Cleaning and Vagina« nennt es ein amerikanischer Macho-Comedian in seinem Youtube-Video. Doch das sagte ich ihr jetzt besser nicht.

Ich selber war in einer ähnlichen Situation gewesen – nur unter leicht veränderten Vorzeichen. Als ich gerade die letzte Computertaste für meine Chinesisch-Bachelorarbeit runterdrückte, erfuhr ich, dass ich schwanger war. Ich arbeitete zu der Zeit seit mehreren Jahren als freie Redakteurin für eine Berliner Tageszeitung. Ich ging also zu meinem Chefredakteur und teilte ihm mit, dass ich jetzt mit dem Studium fertig sei und eine Festanstellung bräuchte. Er zog die Augenbrauen hoch und stimmte zu. Dann nuschelte ich, dass die Sache allerdings einen kleinen Haken habe und ich schwanger sei. Er blieb jedoch bei seinem Wort, und zwei Wochen später lag mein unbefristeter Arbeitsvertrag als Redakteurin neben einem Päckchen frisch gedruckter Visitenkarten auf meinem Schreibtisch.

Es gibt also solche und solche Erfahrungen, aber wenn man sich umhört, ist meine leider eher der Ausnahmefall.

Kein Wunder also, dass laut eines Berichts des Familienministeriums nur 11,5 Prozent der Mütter im ersten Lebensjahr ihres jüngsten Kindes erwerbstätig sind. Ich hatte mir eigentlich ausgemalt, nach sechs Monaten wieder arbeiten zu gehen. Wäre das überhaupt realisierbar? Dass nur eine von zehn Müttern im ersten Babyjahr arbeitet, liegt sicherlich auch daran, dass Kita-Plätze für ganz Kleine extrem rar sind, aber das scheint nicht der einzige Grund zu sein. Als ich anfing, die Kitas und Tagesmütter in meiner Gegend abzutelefonieren, lag Maxime mit seinen vier Monaten noch sehr zerbrechlich und schutzbedürftig in meinem Schoß. In diesem Moment war ich heilfroh, zu den 88,5 Prozent zu gehören, die zu Hause bei ihrem Baby bleiben. Er war noch so klein, und ich hatte einfach Angst vor einer längeren Mama-Kind-Trennung.

Doch was kommt nach diesem ersten Jahr Elternzeit? Laut Familienministerium steigt der Anteil der berufstätigen Mütter in Deutschland im zweiten Lebensjahr des Kindes auf 40 Prozent. Immer noch sehr wenig, wie ich finde. Beispielsweise sind in Frankreich, wo ein Teil meiner Familie lebt, über 80 Prozent der Frauen zwischen 25 und 49 Jahren erwerbstätig. Und das, obwohl Frankreich eine der höchsten Geburtenrate in Europa hat. Wie das kommt?

Nun, das zeigt etwa das Beispiel meiner Cousine Clara, einer typischen Französin: Sie ist Lehrerin in der Nähe von Lille. Als ihre kleine Tochter Lise zwei Monate alt war, brachte sie die Kleine und ein paar Fläschchen abgepumpte Milch fünfmal die Woche früh um sieben Uhr zur Tagesmutter und holte sie in der Regel um zwei Uhr mittags wieder ab. Für sie war das völlig normal, schließlich machten und machen es alle ihre Freundinnen dort auch so.

Auch wenn das für mich selber nicht in Frage gekommen wäre, weil ich keine Minute Stillen und Tragen mit Maxime missen will, finde ich es dennoch beneidenswert, in einer Gesellschaft zu leben, in der es für Frauen zumindest die staatlich zugesicherte Option gibt, nach zwei Monaten wieder arbeiten gehen zu können.

Meine Rückfrage bei der Französischen Botschaft, wie sich dieses Betreuungsangebot realisieren lässt, ergab übrigens, dass Frankreich zwar weniger Kitas als Deutschland hat, allerdings die Politik mit 10,2 Milliarden Euro im Jahr, also einem Prozent des Bruttoinlandsproduktes, an der Unterstützung von Betreuungsmöglichkeiten für Kleinkinder wie Tagesmütter, Krippen und auch Vorschulen beteiligt ist. Das bedeutet also, dass Tagesmütter Subventionen erhalten, den Eltern werden gestaffelt pro Kind erhebliche Steuerfreiheiten eingeräumt, darüber hinaus bekommen sie noch Kindergeld. Hinzu kommen Gelder wie Geburtszulage, Basisunterstützung und Zusatzhilfen für die freie Wahl der Betreuungsform und Erwerbstätigkeit. Oft hilft der Staat auch mit einer Kostenbeteiligung für eine private Kita, wenn diese zu teuer ist, es aber keine Alternative in der Nähe gibt. Wenn Frau nach der Geburt ihres Kindes beschließt, wieder arbeiten zu gehen, dann wird das organisiert. Staatlich und um jeden Preis.

In Deutschland wird die Betreuungsfrage, und damit auch die Frage nach Vereinbarkeit von Kind und Karriere, mittlerweile auch immer wichtiger. Lange Zeit war das in Westdeutschland jedoch anders. Alles begann in den fünfziger Jahren mit Frauen wie meiner Oma. Sie stärkte ihre Gardinen noch, schrubbte jeden Tag das Waschbecken im Bad so blank, dass sich am Rand keine Tropfen bildeten, und vermochte aus allen Mahlzeiten von Kartoffelsuppe bis Schokoladenpudding ein Festtagsessen zu zaubern. Sie war eine dieser Frauen, bei denen die Wohnung immer leicht nach Putzmitteln und Seife roch, und sie entsprach dem Bild der typischen Hausfrau mehr als alle anderen Frauen, die ich kannte. Bis 1977 waren laut Paragraph 1356 des Bürgerlichen Gesetzbuches alle Frauen in der Bundesrepublik wie meine Oma – Hausfrauen also und damit nur dann berechtigt, erwerbstätig zu sein, »soweit dies mit den Pflichten in Ehe und Familie vereinbar« war. Zwischen den Zeilen klingt das für mich so: Du darfst dann arbeiten gehen, wenn dein Ehemann kein Vollarsch ist, der darauf besteht, dass abends warm gekocht wird.

Egal. Vorbei. Heute ist die Frau in Deutschland im Durchschnitt 29 Jahre alt, wenn sie ihr erstes Kind bekommt, und ab August 2013 gibt es einen gesetzlichen Anspruch auf einen Kitaplatz ab einem Lebensjahr – was toll ist, und für Frauen eine Menge verändern wird, wie ich glaube. Solange jedoch die Rahmenbedingungen für arbeitende Mütter nicht auch von Arbeitgeberseite aus flexibler gestaltet werden, wird dadurch nur ein Teil der Probleme von Frauen, die Kinder und Karriere gleichzeitig wollen, gelöst.

Denn was passiert, wenn das Kind krank ist? Und kleine Kinder sind ständig krank. Das Kindergartenalter ist die Zeit, in der jeder Mensch gewöhnlich die meisten Infekte seines Lebens durchmacht. Zehn bis zwölf Infekte pro Saison seien in dieser Zeit normal, sagt meine Kinderärztin.

Geschichten von meinen Mama-Freundinnen kenne ich dazu genug, so etwa von meiner Freundin Lisa, deren Zwillinge sich ständig mit dem Kranksein abwechselten. Die beiden sind jetzt vier und sie haben noch nie zwei, drei Wochen ohne Fieber geschafft. Einen treffe es immer, erzählt Lisa.

Was sollte eine hochqualifizierte Akademikerin wie Lisa mit drei kleinen Kindern in der Berufswelt karrieremäßig also schon groß ausrichten können, wenn alle zwei Wochen zu Hause Husten und andere Atemwegserkrankungen ausbrechen? Theoretisch ist der Arbeitgeber in der Regel zwar dazu verpflichtet, der Mutter und dem Vater zehn Tage im Jahr bezahlt freizugeben. In der Regel wohlgemerkt.

Aber was ist mit Frauen, die in Führungspositionen sind oder solche anstreben? Nicht jeder kann und will sich einen Babysitter leisten oder kann über Nacht einen auftreiben, wenn das eigene Kind kränkelnd zu Hause liegt, statt in die Kita gehen zu können. Und nicht jeder Job verzeiht es, wenn ein Großprojekt scheitert, man Abgabefristen verpasst oder eine wichtige Präsentation schwänzt, nur weil Junior die Windpocken hat.

Laut der Münchener Karriereberaterin Madeleine Leitner unterschätzen viele Frauen diese Doppelbelastung und glauben, sie könnten mit Kindern genauso arbeiten wie bisher auch. Das sei jedoch nur selten so, aber Frauen sollten trotzdem stolz auf das sein, was sie leisten. Der Karriereknick für Führungskräfte lasse sich nur mit einer sehr kurzen Babypause komplett abwenden. Denn Mitarbeiterinnen in Teilzeit würden eben keine Topkunden beraten oder große Projekte leiten. Auch Neueinstellungen nach der Elternzeit könnten zum Problem werden: »Wenn ich zwei Bewerberinnen mit vergleichbaren Lebensläufen habe, eine mit kleinem Kind und eine ohne, hat die Mutter keine Chance«, verrät mir eine Freundin und Personalleiterin eines Verlages.

So sprechen die Zahlen hier wieder einmal für sich: 97 Prozent der Vorstandschefs der börsennotierten Unternehmen in Deutschland sind Männer. 90 Prozent der Alleinerziehenden sind Frauen.

Dabei stehen jeder Dritten weniger als 1015 Euro im Monat zur Verfügung, um sich und ein Kind zu versorgen. Denn oft arbeiten die Mütter nur in Teilzeit-Positionen. Was ich nur zu gut verstehen kann. Auch ich will als Redakteurin in Teilzeit in meine Zeitungsredaktion zurückkehren, da ich es bei der Aufgabenverteilung in unserer Familie für unrealistisch halte, mit einem Kleinkind Vollzeit arbeiten zu können. Redaktionsschluss für die erste Ausgabe ist täglich um sechs Uhr abends, das heißt, ich wäre erst um sieben bei meinem Sohn in der Kita. Wenn denn nichts dazwischenkommt, und eigentlich kommt doch immer etwas dazwischen. Maxime wäre also mit spätestens einem Jahr wochentags neun Stunden außer Haus. Ich würde ihn unter der Woche nur morgens anziehen, in der Kita abliefern und abends ins Bett bringen. Das ist mir einfach zu wenig. Zumal es in Berlin nur eine Handvoll Kitas gibt, die bis 19 oder 20 Uhr geöffnet haben, und diese oft Mitarbeitern im Schichtdienst von Krankenhäusern vorbehalten sind.

Also bleibt nur die Teilzeitstelle. Laut Mikrozensus sind in der Bundesrepublik zwar 70 Prozent der Frauen berufstätig, allerdings arbeiten laut Bericht des Statistischen Bundesamtes rund 45 Prozent davon in Teilzeitbeschäftigungsverhältnissen. Allein in Hessen sind in den letzten zehn Jahren 100 000 solcher Stellen bei weiblichen Arbeitnehmern hinzugekommen. Das ist insofern eine gefährliche Entwicklung, als dass Teilzeitstellen auch Teilzeitrenten bedeuten, sprich eine Rente, die eigentlich nicht zum Leben reicht.

Sofie Geisel hat sich als Leiterin des Netzwerkbüros »Erfolgsfaktor Familie« ausführlich mit dem Thema Teilzeitstellen in Deutschland beschäftigt: Der Haken an diesen Stellen sei, dass sie mit einem Arbeitspensum von 18,5 Stunden pro Woche hierzulande »kürzer« seien als im europäischen Durchschnitt. Ein Volumen von über einer Million faktischen Vollzeitstellen ließe sich allein dann mobilisieren, wenn es gelänge, die durchschnittliche Teilzeit für Frauen von 18,5 Stunden pro Woche auf das schwedische Niveau von 25 Stunden anzuheben. Denn vom Gehaltszettel her gelten diese nämlich sogar als Vollzeitstellen.

Es dürfte also ruhig noch ein bisschen mehr sein – vor allem für die Mütter und ihre künftige Rente. Aber das Problem ist nicht nur ein finanzielles. Denn solange Arbeitszeiten so statisch und unflexibel sind, hetzen täglich zehntausende Mütter ihrem Leben hinterher. Man sieht sie an Bahnhaltestellen, Tramstationen, im Kaffeeladen, beim Bäcker, an der Ampel, in der Reinigung, beim Rausgehen aus dem Büro, vor der Kita-Tür auf die Uhr schauen und denken: »F***, schon wieder zu spät dran. Jetzt schnell den Rest des Tages abreißen.« Das heißt, zusammen mit den Schulkindern in den Supermarkt, das jüngste Kind von der Tagesmutter abholen und in den Fahrradkindersitz heben, sich vom Mann noch abends anhören müssen, dass nie, aber nie was im Kühlschrank ist und man das Ganze doch praktischer organisieren könnte. Doppelt-F***.

Vielleicht sollte ich mit meinem Sohnemann einfach einen Deal machen: Ich sorge dafür, dass er eine dieser Bullerbü-Kindheiten hat, in der Mama zum Mittagessen ruft – ohne psychologische Schäden wie Bindungsangst und was vermeintliche Experten sonst noch Böses für Kita-Kinder prognostizieren. Und er kommt dafür später für meinen Unterhalt auf und lässt mich in seinem Gästezimmer wohnen. Ich möchte mal Maximes Gesicht sehen, wenn er 30 ist und ich mich mit meinen zehn Katzen bei ihm ankündige!

Aber Spaß beiseite. Denn gerade die oben geschilderte Arbeitssituation erhöht tatsächlich die Gefahr, dass das

Pendel eines Tages böse zurückschwingt: Kai-Olaf Maiwald vom Institut für Sozialforschung an der Universität Frankfurt am Main spricht in einer Studie zum Thema sogar von einer Re-Traditionalisierung der Geschlechterrollen: Die Geburt des ersten Kindes sei die Zäsur. In der Regel übernehmen die Frauen dann Kinderbetreuung und Haushalt. Arme Simone de Beauvoir, arme Alice Schwarzer. Heißt das: 50 Jahre Emanzipationsstreben für (fast) nichts? denke ich. Das möchte ich nicht wahrhaben!

»Im Grunde müssen wir vorsorgen und das Beste aus uns, unseren Möglichkeiten und Talenten machen«, sagte ich später zu meiner deprimierten Freundin Charlotte. »Nur, weil dein jetziger Arbeitgeber dich nicht anstellen wird und du dich im fünften Monat deiner Schwangerschaft arbeitslos melden musst, heißt das ja nicht, dass du die Zeit nicht nutzen kannst, um dich beruflich weiterzuentwickeln und dir eine neue Perspektive zu suchen.«

Charlotte kräuselte die Augenbrauen und überlegte: »Vielleicht kann ich tatsächlich erst einmal meinem Bruder helfen«, sagte sie dann. »Er stellt Holzspielzeug her, das er auf Wochenmärkten verkauft, aber eigentlich könnte er auch einen Onlineshop gebrauchen. Den könnte ich ihm ja entwerfen.«

»Na bitte, da hast du deinen Plan«, jubelte ich und kam mir wie die Retterin der Welt vor.

Julia Malchow, Gründerin und Chefin eines Veranstalters für luxuriöse Abenteuertrips, reiste mit ihrem zehn Monate alten Sohn Levi zehn Wochen lang 15 000 Kilometer mit der Transsibirischen Eisenbahn von Sankt Petersburg durch Sibirien und die Mongolei bis nach Peking. Für sie, die hauptberufliche Weltenbummlerin, war es eine klassische Forschungsreise. Denn sie war auf der Suche nach einem individuellen und zeitgemäßen Verständnis von Familie – jenseits der Klischees. Über diese Zeit schrieb sie das Buch Mut für Zwei. Zum Thema Karriereknick für Frauen mit Kind in Deutschland kommt sie darin zu dem Schluss, dass Kinderfeindlichkeit im Kopf beginne. Bei den Glaubenssätzen in unseren Köpfen über das perfekte Leben mit Kind und die perfekte Karriere. Nicht Kinder seien die Karrierekiller, sondern die Art, wie in unserer Gesellschaft das Berufsleben organisiert sei. Und der Druck, der von dem Leitbild der »perfekten Mutter« ausgehe, das leider immer noch stark in deutschen Köpfen verankert sei und besage: Kinder gehören die ersten ein bis drei Jahre im Schwerpunkt zur Mutter, Babys seien eine Frage der Organisation. Und vieles mehr.

Mit ihrer Reise will Julia Malchow diese gesellschaftlichen Glaubenssätze widerlegen. Für sich und ihre Familie. Damals und heute, sagt sie, lebe sie – auch mit Kind – wieder ihr Leben. Mit Beruf, mit Freunden, mit Zeit für sich und für ihren Sohn.

Die Einstellung von Julia Malchow war mir beim Lesen ihres Buches sofort sympathisch. Sie hat für ihre Familie und sich erkannt, dass nicht die Kinder das Gestalten forderten, sondern ihre Eltern. Kinder dagegen sind eine ständige Aufforderung zum Plan-Brechen, wofür man offen bleiben sollte, um sein eigenes Lebensmodell zu finden.

Wenn ich das jetzt mal auf mich beziehe und von meinen Auswahlmöglichkeiten ausgehe, so habe ich vier Jahre studiert, ein Volontariat gemacht und jahrelang für diverse Zeitungen geschrieben. Ich hatte ein Angebot, in China zu arbeiten, und eines von der Gesellschaft für Internationale Zusammenarbeit, für das ich nach Afrika hätte gehen müssen – beide Jobs wurden ausgerechnet in dem Moment spruch- und unterschriftsreif, als Maxime das erste Mal auf dem Monitor des Ultraschallgerätes Daumen lutschte.

Ab diesem Zeitpunkt wurden mir zwei Sachen klar: Ich gehe nirgendwo hin. Zumindest jetzt nicht. Und ich bin jetzt nur noch zu dritt zu haben. Es war ziemlich schnell klar, dass mein Mann, den alle Pausti nennen, nicht hätte einfach mal nach China ziehen können, ohne hier 20 Jahre Lebenswerk aufzugeben, das ihm wichtig war und wofür er bis heute brennt. Das wollte und konnte ich ihm nicht antun.

Doch die Wahl wurde schnell nichtig: In China wollten sie mich nicht mehr einstellen, als sie hörten, dass ich ein Kind erwartete, und nach Afrika durfte ich als Schwangere ohnehin nicht, weil der Einsatzort ein Malariagebiet war. Würden solche Jobchancen wiederkommen? Eher nicht. War das so schlimm? Irgendwie auch nicht. Es würden andere kommen. Aber ich würde mich darum kümmern müssen. Denn mein Besuch bei Charlotte hatte mir gezeigt, dass man als Frau nicht nur auf sein Baby, sondern auch auf seine Träume aufpassen sollte.

3. Halt, stopp, ich kann nicht!
Oder vielleicht doch?

In Frankreich gibt es ein Sprichwort: ›Ce que femme veut, Dieu le veut.‹ Auf Deutsch sagt man: Weibes Wille ist Gottes Gesetz. Oder: Mama hat immer recht.

»Wenn er nicht will, dann will er nicht«, sagte die Kindergärtnerin über meinen damals elf Monate alten Sohn Maxime. Ich befürchte, dass er das von mir hat. Und ich befürchte außerdem, dass seine Willensstärke meine Willensstärke seit dem Tag seiner Geburt noch einmal verdoppelt hat.

Aber ich fange besser von vorn an.

In der Nacht des 8. November 2011 kam Maxime per Notkaiserschnitt zur Welt. Ich war in der 41. Woche, seine Herztöne waren während einer Routineuntersuchung beim Frauenarzt plötzlich auffällig schlecht – da machten die Ärzte am selben Abend im Krankenhaus kurzen Prozess.

Am nächsten Morgen lagen wir also da: Pausti, der Papa, Baby Maxime und ich in einem Familienzimmer der Berliner Charité und lächelten uns an. Ich wohlgemerkt im Krankenhaushemd, mit Katheter und Tropf im Arm. Im Grunde war dieser Notkaiserschnitt so ziemlich das Schlimmste, was mir – als einer durchschnittlichen jungen Frau, die bislang von Schicksalsschlägen oder Unfällen verschont geblieben war – je passiert war. Meine Bauchdecke war geöffnet worden!

Im Normalfall würde man nach einer OP in Selbstmitleid versinken und sich mit päckchenweise Paracetamol im Bett verkriechen. Aber nach so einer Geburt ist eben alles anders. Ich hatte jetzt ein Baby.

Das musste ich stillen, wickeln, herumtragen, beschmusen. Also musste ich in Rekordtempo wieder fit werden. Das fanden zumindest die Schwestern im Krankenhaus. Und mein Baby fand das natürlich auch.

Ich war da allerdings ganz anderer Meinung. Es war neun Uhr morgens, ich hatte vor ein paar Stunden ein Kind geboren und eine schwere OP gehabt, die Komplikationen hatten mir den Schreck meines Lebens eingejagt, und ich hatte kaum geschlafen, als eine der Schwestern resolut auf mich zukam und sagte: »So, dann wollen wir Sie mal bewegen.« Ich hielt das für einen schlechten Scherz, obwohl sie nicht so aussah, als wäre sie der spaßige Typ.

»Nein, das geht noch nicht«, erwiderte ich leicht panisch, als sie meine Unterarme packte.

»Sie müssen sich bewegen, Frau Rosales. Das ist aus medizinischen Gründen sehr wichtig. Da muss jede der Frauen auf der Station durch«, versuchte sie es ein letztes Mal sanft und mit Argumenten.

In diesem Moment verstand ich zwar, dass ich keine Chance gegen sie haben würde, ich allerdings trotzdem nichts für sie tun konnte. Die nächsten Minuten kam ich mir dann vor wie in einem Comedy-Film. Als wäre ich Schlachtvieh, griff die Schwester meine Arme und Beine gleichzeitig und zog mich vor an die Bettkante. »Es geht nicht, es geht nicht«, brüllte ich. Mein Mann, der die Szene beobachtete, wusste nicht, ob er lachen, Mitleid haben oder einschreiten sollte.

»So, und jetzt aufsetzen«, befahl die Schwester und riss mich nach vorn. Meine von Thrombosestrümpfen umhüllten Füße berührten plötzlich den kalten Krankenhausboden. »Und jetzt hoch«, rief sie und zog meine Arme zu sich heran, bis ich auf meinen Füßen stand. Ein Schmerz, als ob eine Rasierklinge meinen Bauch aufritzte, traf mich wie ein Blitz, ich fiel vornüber und blieb wie eine Puppe auf dem grauen PVC-Boden liegen.

Peinlich berührt, half die Schwester mir hoch. »Komisch, bei Ihnen scheint das noch nicht zu funktionieren«, raunte sie.

Diese Nummer hättest du dir und vor allem mir ersparen können, du blöde Kuh, dachte ich im Stillen. Ich wollte meinen Mann in diesem Moment nicht ansehen, aber ich kannte ihn gut genug, um zu wissen, dass er zumindest ein Grinsen nicht unterdrücken konnte.

Aber das Ganze hatte auch etwas Gutes. Seit diesem Erlebnis weiß ich: Als Mutter muss man klare Ansagen machen. Für sein Baby, aber auch für sich selbst. Maxime ist mein erstes Kind. Ich hatte keine schlauen Ratgeber gelesen, die Hebamme nicht ausgefragt. Ich war ahnungslos, schwach, müde und damit jedem, der es besser wusste, ausgeliefert. Ob Krankenschwester, Familie, Freunde, Kollegen und natürlich der Kindsvater – jeder hatte in den nächsten Wochen tolle Tipps für mich. Ich war plötzlich fremdbestimmt und verpasste es, auf mein Bauchgefühl zu hören.

»Pucken ist gut für das Baby«, fand mein Mann, als Maxime zwei Wochen alt war. Er hatte im Internet eines dieser süßen hellblauen Pucksäckchen bestellt und wollte es eines Abends, als das Paket angekommen war, testen. Wer

das nicht kennt: Beim Pucken wird das Baby ganz fest ein-
gewickelt wie ein kleines Eskimokind, so schläft es ruhiger – besagt zumindest die Theorie und die Dame bei uns
im Babyführerscheinkurs.

»Ich will aber gar nicht, dass Maxime gepuckt wird«,
nörgelte ich.

»Wir probieren das jetzt aus, Caro«, antwortete mein
Liebster.

Es kam, wie es kommen musste. Maxime brüllte wie am
Spieß, als Papa ihn ins enge Stoffsäckchen zwängte, und
ich, die Mama, heulte noch lauter mit. Was für ein Spekta-
kel! Irgendwann klingelte dann noch die Nachbarin, die
ausgerechnet in diesem Moment zum Nachwuchs gratu-
lieren wollte. Es wurde langsam peinlich.

Für uns als Familie war das allerdings der Wendepunkt –
ohne dass wir übrigens jemals darüber gesprochen hätten.
Denn seitdem heißt es bei Pausti immer, was Maxime be-
trifft, ich weiß nicht, entscheide besser du.

Mir war das sehr recht, bei den ganzen Entscheidungen,
die ich in der nächsten Zeit treffen musste. Entscheidungen für das Baby, für uns als junge Familie und nicht zuletzt für mich, vor allem, wenn es um mein ganz persönli-
ches Post-Entbindungsprojekt ging: mein Studium.

Ich hatte mich dafür entschieden, meinen Master wieder
aufzunehmen. Ich war noch hochschwanger bei den ersten Seminaren erschienen und hatte gehofft, der Geburts-
termin würde sich bis zum Semesterende noch herauszö-
gern lassen, aber: Pustekuchen! Schon das erste Referat
über Südkaukasien fiel flach, weil ich am Abend zuvor
Mama geworden war. Meine Professorin war entzückt über

den Grund meiner Absage – und ich natürlich überglücklich!

Doch wie sollte es denn dann jetzt genau mit meinem Studium weitergehen?

Nächtelang grübelte ich darüber nach, ob ich in den ersten Wochen nach Maximes Geburt meinen Master wieder aufnehmen sollte. Wäre das zeitlich zu schaffen? Wie und vor allem wann sollte ich den ganzen Lesestoff bewältigen? Die Seminararbeiten schreiben? In der Bibliothek dafür recherchieren? Ich hatte zwischen den Bücherregalreihen noch nie einen Kinderwagen gesehen. Ich beschloss, das Ganze sportlich zu sehen. Super, wenn ich es schaffte, Babybetreuung und Studium zu vereinbaren – aber wenn nicht, dann eben nicht. Mir war klar, dass ich mir ansonsten in jeder freien Minute vorwerfen würde, die Chance verpasst zu haben. Böse kleine Ehrgeizdämonen würden wie die Erinyen aus der griechischen Mythologie um mich und mein Gewissen als Frau mit gewissen beruflichen Plänen kreisen.

Wie viele der Mütter, die wir später für dieses Buch interviewt haben, stand auch ich an jenem Punkt, an dem man zögert, wie wenn man als Kind zum ersten Mal auf einem Fünf-Meter-Brett steht. Soll ich wirklich springen? Werde ich mir dabei wehtun? Und wenn ich es tue, was habe ich davon? Tue ich das hier gerade für mich – oder für die anderen, die da unten stehen und »Spring!« rufen? Unter uns: Ich bin nie von einem Fünf-Meter-Brett gesprungen. Weil ich viel zu viel Angst hatte und nicht einsah, wofür das gut sein sollte. Doch in dem Moment, als es um mein Studium ging und das Wagnis, Hunderte von Hand getippte Seiten bis Semesterende, also in ziemlich genau zwei Monaten, abgeben zu müssen, bin ich gesprungen.

Und ich hatte es mir leichter vorgestellt. Wenn erst einmal die ersten Baby-Monate überstanden sind, dachte ich, ich würde mit meinem Baby Maxime quasi in den rosa Sonnenuntergang reiten: sonntags sitzt die ganze Familie vor Schwarzweißfilmen und isst Waffeln und – ja, wirklich – die jungen Eltern erfreuen sich nachts an ein bisschen Privatsphäre im Ehebett, während der Sohnemann bis morgens um acht Uhr durchschläft. Die ersten Stürme, die ersten Kinderkrankheiten würden überstanden sein, und wir, die Eltern, würden es geschafft haben, unsere durcheinandergewürfelte Zweierbeziehung zu einem großen bunten Kleinfamilienteppich zusammenzuflicken. Und auch mein Masterstudium hätte ich bis zu diesem Tag fast gemeistert. Dachte ich.

Tatsächlich lief alles zunächst ziemlich glatt, doch dann kam die Woche vor Maximes erstem Geburtstag. Im Oktober. Mütter wissen, was diese Jahreszeit bedeutet. Ich kehrte also am Sonntagnachmittag gutgelaunt vom Yogakurs zurück. Pausti hatte mir am Vormittag den Kleinen abgenommen, ich hatte in der Herbstsonne gefrühstückt, mich auf der Matte gedehnt und dann noch ausgiebig mit meinem besten Freund telefoniert – das Leben war schön. Zu Hause angekommen, hielt meine gute Laune ungefähr zwei Sekunden an.

»Pausti, fühl doch mal seine Stirn. Er glüht ja förmlich«, motzte ich den allzu entspannten Papa an, der gerade mit einer Zigarette auf den Balkon verschwinden wollte.

»Echt? Habe ich gar nicht gemerkt!«

Ich hatte noch nicht einmal die Jacke aus und war schon

auf 180. Sofort schleppte ich Maxime zum Wickeltisch, schnappte mir das Fieberthermometer. Mein Muttergefühl hatte mich natürlich nicht im Stich gelassen: 40 Grad Fieber.

»Eine Mittelohrentzündung«, wie die Kinderärztin am nächsten Tag sagte.

Dicht gefolgt von einem Noro-Virus und einer Lungenentzündung, soviel kann ich jetzt schon mal verraten.

In derselben Woche kam mein Mann ins Krankenhaus, weil er operiert werden musste. Ich war also allein zu Hause, Maxime behielt nichts bei sich, und ich ging am Stock.

»Wenn er morgen nicht genug getrunken hat, kommt er an den Tropf«, drohte die Kinderärztin mir am dritten Tag von Maximes Brechdurchfall an. Nach einer Woche Mittelohrentzündung, schlaflosen Nächten und einem Baby, das seit drei Tagen weder essen noch richtig trinken wollte, dürfte es sie nicht gewundert haben, dass ich in Sweatshirt und schwarzen Leggins mit Breiflecken vor ihr saß.

Noch eine Woche später fanden wir uns dann endgültig im Krankenhaus wieder. Die Diagnose: Lungenentzündung. Mit dem Rat, ihn für ein paar Wochen komplett aus der Kita zu nehmen und zu isolieren.«

Ich war schockiert. Ganz ehrlich: Ich mag wie ein Weichei klingen, aber das alles auf einmal war zu viel für mich.

Nun glaube ich zwar nach wie vor daran, dass Mütter alles schaffen können, wenn sie wollen – allerdings weiß ich mittlerweile, mit welchem Kraftaufwand das mitunter verbunden sein kann. Und nicht zu vergessen, die Grundvoraussetzung für alle persönlichen Pläne von Müttern lautet: ein gesundes oder, besser gesagt, kein krankes Kind zu haben.

Mein kleines, perfekt ausgeklügeltes, auf die Stunde getaktetes Heim-Karriere-System krachte von einem Tag auf den anderen in sich zusammen. Ich saß inmitten eines Scherbenhaufens: Nachdem ich mit Maxime aus dem Krankenhaus nach Hause zurückgekehrt war, verschwitzte ich prompt mein zweitägiges Uni-Blockseminar und die erste Deadline bei unserer Lektorin. Die Elterngeldstelle drohte mir mit einer Rückforderung von Tausenden von Euros, weil ich meinen Steuerbescheid nicht einreichen konnte, obendrein stritt ich mit meinem Mann ständig über unseren Alltag und unsere Rollenverteilung. Ich hatte mich seit einer Ewigkeit nicht mehr bei meinen Freundinnen gemeldet, von denen eine – meine beste – inzwischen ernsthaft beleidigt war. Es war, kurz gesagt, das nicht enden wollende Grauen.

Und trotzdem: Sobald Maxime schlief und ich es schaffte, ihn eine halbe Stunde von mir zu lösen, schlich ich mich aus unserem Schlafzimmer an den Schreibtisch (oder auf meine Krankenhauspritsche), holte mir einen Kaffee und setzte mich an den Laptop. Und wenn es nur zwanzig Minuten waren, in denen ich mich richtig konzentrieren konnte, es war wie ein kleiner Befreiungsschlag von meinem tranigen Ich-ohne-Make-up-und-mit-Wuschelhaaren, ein Gruß an das Karriere-Girl, das ich einmal war, eine Rückmeldung an mich selbst: Mich gibt es noch. Zumindest bis zum nächsten »Wäääh« aus dem Babyphon oder aus dem Bett nebenan.

Aus dieser Fokussierung entwickelte sich eine ganz besondere Energie.

Je mehr Maxime meine Aufmerksamkeit forderte, weil er krank war oder sich in einer schwierigen Phase befand, desto anstrengender wurde es zwar zunächst für mich, umso intensiver nutzte ich jedoch die wenigen Minuten der Zeit, die ich hatte, für meine eigenen Projekte – selbst wenn sie nur einen Baby-Mittagsschlaf lang dauerte.

Meine Freundin Lisa, die mit dreißig schon dreifache Mutter ist, hat eine ähnliche Erfahrung gemacht, auch wenn es bei ihr dafür einige Zeit brauchte. Deswegen will sie jungen Müttern Mut machen, ihnen sagen, dass sie das Gefühl der Überforderung kennt, wenn das Baby die ersten sechs Monate schreit – ein Fulltime-Job, der einfach kein Wochenende bereithält. Nach der Geburt ihrer Zwillinge habe sie jedoch festgestellt, dass sie noch etwas anderes vom Leben erwarte und auch Anerkennung für ihr Schaffen brauche, sie sich diese aber woanders herholen müsse als von den Kindern, die selbst nicht danke sagten. Erst als die Zwillinge zum ersten Mal zwei Wochen am Stück jede Nacht durchschliefen, etwa zweieinhalb Jahre nach ihrer Geburt, da hatte sie plötzlich diese erleuchtende Energie gespürt und den Willen, etwas Eigenes zu machen: »Ich hätte Bäume ausreißen oder eine Party schmeißen oder ein Buch schreiben können und ich entschied mich für Letzteres ...«

Auch Isa ging es übrigens so: »Gustav hat sich gerade vollgekotzt und Friedrich eine Mittelohrentzündung. Ja, und heute Abend ist dieses Ladies-Dinner für Bloggerinnen, bei dem ich mich mal blicken lassen muss. Ich kann es kaum erwarten, dass der Babysitter kommt«, ratterte sie einmal am Telefon runter.

Und ich denke, dass es genau das ist, was wir Mädels und Mamas so brauchen: ein bisschen Wahnsinn, ein bisschen Alltag, aber auch ein bisschen Glamour.

Checkliste: Fünf Fragen, die sich
jede Selfmade-Mama stellen muss, bevor sie richtig loslegt

Brenne ich für meine Idee?

Will ich sie wirklich umsetzen, selbst, wenn das noch weniger Zeit für mich selbst bedeutet? Mal in Ruhe eine Beautysession im Bad einlegen, gemütlich eine DVD gucken oder weggehen sind dann seltener möglich, weil Mama natürlich die Geduld und Muße für ihr Projekt braucht.

Und nochmal: Brenne ich eigentlich wirklich?

Habe ich so viel Lust auf meine Idee, dass ich zu meinen Freunden Sätze wie »sorry, heute Abend geht's nicht, ich hab noch zu viel zu tun« sagen werde? Oder dass ich es über mich bringe, meinen Liebsten rauszuschmeißen mit den Worten »ich kann jetzt gerade nicht reden und die nächste Stunde auch nicht, ich muss mich konzentrieren«?

Habe ich die nötigen Ressourcen?

Das gilt für alles: Kraft, Ausdauer, Gesundheit, Nerven. Am besten kommt noch ein kleiner Notgroschen hinzu, weil er vieles erleichtert, zum Beispiel Taxifahrten, Babysitter, mal eben unterwegs kaufen, was man natürlich gerade heute vergessen hat. Das muss aber nicht sein. Sicher ist jedoch, dass man sich nicht schon gesundheitlich geschwächt, mit den Nerven am Ende oder in einer blöden persönlichen Phase daran setzen sollte, seine Ideen und Träume zu verwirklichen. In diesem Fall sollte man lieber ein paar Monate verstreichen lassen, etwa darauf warten, dass das Baby nur noch zweimal statt zehnmal pro Nacht aufwacht – und sofort hat man wieder mehr Energie. So ergab zum Beispiel eine Umfrage des Emnid-Instituts unter über tausend Müttern, dass sich 25 Prozent von ihnen ausgebrannt und überfordert fühlen. Und dazu sollte bitte keine zählen, die sich gleich nach Lektüre dieses Buchs an ihren Businessplan setzen will!

Macht mein Kind das mit?

Das ist eigentlich die wichtigste Frage. Kommt ein Baby gesund auf die Welt, trinkt es viel und schläft noch mehr, hat man vermutlich auch tagsüber relativ viel Zeit für sich. Gesellen sich allerdings Drei-Monats-Koliken, Dauerweinen bis zur nächtlichen Fahrt in die Schreiambulanz oder Still- beziehungsweise Trinkschwierigkeiten dazu, erklärt es sich natürlich von selbst, dass man in der ersten aufregenden und oft anstrengenden Zeit Anderes im Kopf hat. Genau genommen sollte man nur an sich selbst und das Baby denken! Nach dem Motto: Was die Mutter entspannt, ist auch gut fürs Baby.

Habe ich den Zuspruch und die Unterstützung meiner Lieben?

Okay, und wenn nicht: auch egal! Vor allem Männer haben zuweilen die Angewohnheit, alles, was die eigene Frau oder Freundin plant, besonders kritisch zu hinterfragen. Meiner ist da übrigens ein sehr hartnäckiges Exemplar. Wenn's am Ende aber dann doch nach Erfolg riecht, hat er's natürlich als Erster schon von Anfang an gewusst. Das Gleiche kann übrigens auch für Mütter, Schwestern, Brüder, Tanten, Onkel und Freunde gelten.

4. Ideen, Ideen – ich geh dann mal schwanger!

Sie sind da draußen. Und es sind viele. Sie waren schon längst eine Bewegung. Sind sie bald auch eine Revolution?

Sie haben sich gut vernetzt. Und während ich noch darüber nachdachte, was nach der durchgemachten Babynacht morgens auf mein Brot soll, waren sie mir längst hundert Schritte voraus mit ihren Businessplänen gegen Babyblues, Heim-Karrieren und Kita-Eigeninitiativen: die Mompreneurs.

Plötzlich las ich dieses Wort überall. In Blogs, Foren und bei Facebook. Eine Mischung aus Mom und Entrepreneur, Unternehmer. Frauen also, die Mütter sind und eine gute Idee hatten, es aber satt haben, sich festen Arbeitszeiten zu beugen oder einfach Lust haben, sich selbstständig zu machen.

Aber der Reihe nach. Mein alter Schulfreund Florian ist ein richtiger Durchstarter. Er ist mittlerweile Gründer eines Start-ups in Palo Alto, also im US-Internethauptquartier Silicon Valley. Aber vor allem hat er als Unternehmensberater eine besondere Leidenschaft: Er verbindet gerne Menschen.

Ungefähr zweimal im Monat bekomme ich eine Mail von ihm mit dem bedeutungsschwangeren Betreff »Connecting«, also »Kontaktknüpfen« oder »Netzwerken«.

Er schreibt dann gleichzeitig an mich und an einen seiner Bekannten eine Mail und stellt uns so einander vor, wenn er denkt, wir müssten uns kennenlernen, weil unsere Interessen und Projekte gut zueinander passen. Eines

Mittags, Maxime war gerade drei Monate alt geworden, bekam ich die folgende Mail:

Hallo zusammen,
hiermit möchte ich Euch gerne virtuell verbinden:
Caro ist eine sehr gute Freundin von mir aus alten Bonner Zeiten, die inzwischen Journalistin, junge Mutter und Buchautorin ist und Zentralasienwissenschaften studiert. Tina und Tilda sind zwei großartige Schwestern, die zusammen ein Onlinemagazin auf die Beine stellen. Ich glaube, Ihr werdet sehr spannende Gespräche über Eure Projekte haben.
Liebe Grüße
Florian

PS: Ihr wohnt alle in Berlin …

Projekte? Ich war verwundert. Was sind noch mal meine Projekte? Mein Baby etwa? Damals hatte ich mein Studium noch nicht wieder aufgenommen, und an andere Projekte war nicht zu denken. Maxime war noch winzig klein, und mein einziges Ziel war es, den Tag zu überstehen ohne im Stehen einzuschlafen. Oder einmal fünf Minuten lang duschen zu können, ohne dass Maxime sich in seiner Schaukel, die wohlgemerkt genau neben der Dusche stand, rotbrüllte, nur weil Mama es gewagt hatte, ihn mal kurz vom Arm zu nehmen. Sorry, für noch mehr Multitasking mit Baby fehlte mir gerade der Elan und vor allem S_C_H_L_A_F!

Mit Tina, der Herausgeberin jenes Frauen-Onlinemagazins habe ich mich natürlich trotzdem getroffen. Sie war Anfang 30, noch kinderlos und sah blendend aus, was mich nervte. Aber eine entscheidende Information nahm ich von unserem Treffen mit. Vielleicht nur ein Wort, das sie erwähnt hatte. *Design Mom.*

So heißt der Blog von Gabrielle Blair, eine der weltweit einflussreichsten Frauen im Internet. Plötzlich hatte ich ein Hobby: Während Maxime seinen Nachmittagsschlaf machte, las ich also den Blog *designmom* und wurde süchtig.

Gabrielle Blair ist Amerikanerin und eigentlich Innenarchitektin, hat sechs Kinder, lebt in Frankreich auf dem Land und schreibt gerne über die Wochenend-Trips mit ihrer Familie. Teilweise etwas angestrengt, zum Beispiel, wenn sie sich auf einem ihrer Fotos mit frisch geglätteten Haaren im Kreißsaal befindet und unter das Bild schreibt: »Oh, jetzt habe ich definitiv Wehen.«

O Mann! Okay, es ist ihr sechstes Kind, das sie da gerade gebärt, aber ein bisschen weniger Mrs. Perfect hätte sicherlich gutgetan. *Designmom* macht vor allem so viel Spaß, weil man sich auch herrlich über sie aufregen kann. Dennoch: Der Blog zählt, laut *Time Magazin*, zu den 100 besten Internetseiten, ein besseres Ergebnis kann ein Onlinemagazin kaum erreichen.

Aber kein Wunder, denn Gabrielle macht vieles richtig. Doch am interessantesten sind fast immer die Momente, wo die Fassade kurz bröckelt und man zwischen den Zeilen rauslesen kann, dass diese Frau ebenfalls Augenringe hat, wenn auch gut überschminkte! Zum Beispiel, wenn sie erzählt, dass sie ihre mittlerweile zum Kleinkind herangewachsene jüngste Tochter June täglich vormittags vor dem iPad parkt und Filme schauen lässt, damit sie die Tonnen von Mails auf ihrem Laptop bewältigen kann. Ja, dann lacht auch kurz mein müdes Mama-Herz.

Plötzlich war ich also mittendrin in der Welt der erfolgreichen, schnelllebigen Mütter, die mit der nötigen Lässigkeit auch mal fünfe gerade sein ließen, um sich selbst zu verwirklichen. Und *designmom* war nur ein Blog von vielen! Ich war fasziniert von diesen Frauen. Sie waren da draußen, reisten, lebten den Alltag mit ihren Kindern und hatten trotzdem für sich einen Platz in der virtuellen Welt, der nur ihnen gehörte. Sie machten sich einen Namen und Karriere und konnten sich dabei ihren Tag auch noch mehr oder weniger frei einteilen.

»Was machst du da eigentlich die ganze Zeit?«, fuhr mich Pausti irgendwann abends auf der Couch an, weil ich dem Film, den wir eigentlich anschauen wollten, überhaupt keine Aufmerksamkeit mehr schenkte, so versunken war ich in die Lektüre der Blogs. Je mehr ich merkte, welche Persönlichkeiten hinter diesen Blogs steckten, desto faszinierter war ich: Nicht nur, dass diese Bloggerinnen, die ich da Eintrag für Eintrag, Foto für Foto entdeckte, offensichtlich Spaß an ihrer Selbstverwirklichung hatten, nein, sie verdienten damit offenbar auch noch Geld.

War das tatsächlich so einfach? Bequem von zu Hause aus schreiben und Geld verdienen und gleichzeitig für seine Kleinen da sein können?

Diese Strategie hatte in den USA offenbar gerade Konjunktur. Allerorts versuchten Mütter, während ihrer Auszeit nach der Geburt ihres Kindes oder auch mit älteren Kindern, neue Möglichkeiten des Geldverdienens zu finden, um im Alltag selbstbestimmter zu sein. In den USA, wo Hunderttausende Menschen aufgrund der angespannten finanziellen Situation ohnehin teilweise bis zu drei Jobs gleichzeitig brauchen, um einigermaßen über die

Runden zu kommen, hat die Arbeit von zu Hause schon länger einen ganz anderen Stellenwert.

Aber wie ist die Lage in Deutschland? In einem *FAZ*-Interview bringt es Vera Schroeder, die Chefredakteurin der *Nido*, auf den Punkt: »Die Eltern merken, wo überall die Vereinbarung von Beruf und Familie noch nicht funktioniert. Das trägt zur Unzufriedenheit bei.«

Dass Elternzeit in einem Unternehmen nicht immer attraktiv ist, belegt eine Umfrage des Bundesfamilienministeriums von 2013. Demnach bedauerten es in Deutschland vier von zehn Frauen in Hinblick auf die Karriere, ihre Elternzeit genommen zu haben. 38 Prozent der befragten Frauen stellten dadurch negative Auswirkungen auf ihr berufliches Fortkommen fest, bei den Männern sind es 28 Prozent.

Kein Wunder also, dass auch hierzulande der Trend in Richtung alternative Karrieren geht. Immer mehr Frauen suchen sich eine Arbeitseinteilung, die es ihnen erlaubt, möglichst viel Zeit mit ihren Kindern zu verbringen. 2013 wagten bundesweit 243 000 Personen den Schritt in die Selbständigkeit. Denn Gründer zu sein heißt natürlich auch, sich seine Zeiten etwas flexibler einteilen zu können.

In einem Artikel in der *Badischen Zeitung* bestätigt Iris Kronenbitter, Leiterin der bundesweiten Gründerinnenagentur, dass die Elternzeit bei vielen Frauen einen Perspektivwechsel bewirke: »Die Frauen entscheiden sich auf dieser Basis neu. Viele Frauen, die aus der Elternzeit heraus selbständig werden, machen das aus Überzeugung«. Die Überschrift dieses Artikels trifft den Nagel auf den Kopf: ›Der Job zum Kind‹, lautet sie. Und diese Formulierung ist tatsächlich schlagzeilentauglich, denn wäre das nicht ein echter Paradigmenwechsel? Mütter, die sich den Job zu ihrer Familienplanung aussuchen und nicht umgekehrt. Das käme ja in vielen Fällen nicht nur den Kindern zugute, sondern vor allem den Mamas, die dadurch natürlich deutlich weniger Stress im Alltag hätten. Sicher: Das geht nicht mit jedem Beruf. Eine Ärztin, die Notfälle behandelt, kann nicht flöten: »Lalala, ich mach' jetzt nur 'nen halben Tag.« Genauso wenig wie eine Hebamme, Altenpflegerin, Gastronomin und viele mehr. Aber man kann immer seine aktuelle Lebenssituation hinterfragen und sich überlegen, ob man so weitermachen möchte oder eben den Schritt ins »Mompreneurtum« und damit in die freie Zeiteinteilung macht, vielleicht ja auch erst einmal nur nebenberuflich.

Bewegungen wie die Mompreneurs sind nur im Zeitalter der globalen Vernetzung denkbar. Denn selten sind deine Zufallsbekanntschaften vom Spielplatz die, mit denen du dich sinnvoll für ein Geschäft verbinden und vernetzen wirst. Nie würde eine Mama durch den Verkauf von selbstgemachten Wickeldecken allein auf Basaren oder Flohmärkten eine fünfstellige Summe verdienen. Das machen erst Foren wie *mamikreisel* oder Portale wie *Etsy* und *DaWanda*, auf denen jeder online seine selbstgemachten Schätze verkaufen kann, möglich.

Wie viele Mütter diese Möglichkeiten nutzen, zeigt ein exemplarischer Blick hinter die Kulissen eines Unternehmens wie *DaWanda*. Hier bieten jährlich 100 000 Verkäufer 1,5 Millionen selbstgemachte Produkte an – vom Stofftier bis zur Handtasche. Das macht also rund 50 000 Mütter, die allein in Deutschland einen Shop haben. Eine sehr beeindruckende Zahl. »Zehn Prozent der verkaufenden Mütter führen ihren Shop mittlerweile in Vollzeit und bestreiten damit ihr Einkommen«, gibt Claudia Helmig, Geschäftsführerin und Gründerin von *DaWanda,* an.

»Die Rückkehr der Heimarbeit«, jubelt *Zeit Online* in einem Bericht über das Portal. Die sogenannten Mompreneurs haben Deutschland längst erreicht.

Und angesichts der großen Unzufriedenheit, die bei vielen festangestellten Müttern herrscht, würde ich mir wünschen, dass noch mehr Frauen die Möglichkeiten und den Mut hätten, den amerikanischen »Yes-we-can-von-zu-Hause-arbeiten-Spirit« zu übernehmen oder, wie es der Untertitel von Andrea Claytons Buch *Mogul Mom* so treffend zusammenfasst: *Quit your job, build your own business and join the Work-At-Home-Mom-Revolution.*

Die Blogs und vor allem die Mompreneurs haben mich neugierig gemacht: Wer waren alle diese spannenden Frauen, die das alles so locker handhaben mit der Welteroberung? Warum fiel denen alles leicht, während mir immer alles so schwer fiel? Brauchten die keinen Schlaf? Schauten die keine DVDs, während ihre Kinder schliefen? Was trieb sie an und wohin wollten sie mit ihren Ideen? Woher kam ihr Wunsch nach einer Neuerfindung ihrer selbst? Ich würde es schon bald erfahren ...

Eine kleine Inspiration:
Fünf erfolgreiche Mompreneurs aus den USA

Jill Salzman von The Founding Moms

Jill Salzman ist eine der erfolgreichsten Mompreneurs aus den USA. Sie macht andere selbstständige Mütter mittlerweile in ganz Amerika miteinander bekannt, indem sie Konferenzen veranstaltet und Tipps und Anleitungen für selbstständige Mütter herausgibt.

http://foundingmoms.com

Jessica Kim von BabbaCo

Jessica Kim, Mutter von drei Kindern, gründete die *BabbaCo*, eine monatliche Abo-Box mit Bastelmaterialien für Kinder zwischen 3 und 7 Jahren. *BabbaCo* ist Vorreiter der deutschen *Wummelkiste*.

http://www.babbaco.com

Sharon Vinderine von PTPA Media (Parent Tested, Parent Approved)

Sharon Vinderine ist die Gründerin von *PTPA Media*, Amerikas größter Produkttest-Community mit über 100 000 Eltern als Mitgliedern. Sie tritt regelmäßig bei CNN als Kommentatorin zu verschiedenen Gesellschaftsthemen auf und war bereits in allen großen amerikanischen Morgen-Shows zu Gast.

http://www.ptpamedia.com/homepage

Kimber Christensen von Little Sapling Toys

Kimber startete mit einem kleinen Onlineshop bei der Handarbeitsplattform *Etsy.com* und vertreibt mittlerweile in Vollzeit mit ihrem Mann Nick Holzspielzeug unter dem Namen ihres Labels *Little Sapling*. Sie hat zwei Kinder und genießt es bis heute, von zu Hause aus arbeiten zu können.

http://www.littlesaplingtoys.com

Stacy DeBroff von Mom Central Consulting

Durch ihren Job als Sprecherin von mehreren Großkonzernen verstand Stacy, welche Marktmacht Mütter innehaben. Sie gründete ihre Agentur *Mom Central Consulting*, die Großindustriekunden über soziale Netzwerke wie Facebook mit Müttern vernetzt. Sie hat zwei Kinder im Teenager-Alter.

www.momcentralconsulting.com

II.

Links das Baby, rechts der Laptop

1. Du wirst das Kind schon schaukeln: Isa bloggt sich zu Ruhm und Geld

Onlinemarketingprofi, Bloggerin, Gründerin von hauptstadt-mutti.de und workyoulove.de, zweifache Mama von Gustav (4) und Friedrich (1), erwartet mich mit Handy, Freisprechanlage und Kinderwagen.

Eigentlich hatte Isa die Idee zu diesem Buch, nein, nicht nur eigentlich: Sie hatte die Idee zu diesem Buch. An einem Julinachmittag saßen wir, also Isa, meine russische Nachbarin Anna und ich, mit unseren drei Babys in dem Café eines Parks in Pankow. Schön in der prallen Sonne.

Die beiden Mädels tranken Eiskaffee, während ich Maxime, der sich ständig sein Sonnenhütchen vom Kopf riss, mit einem langen Plastiklöffel fütterte, gegen die Wespen kämpfte, die in sein Baby-Obstkompott-Gläschen eintauchen wollten, und dem Gespräch nur mit halber Aufmerksamkeit folgte.

Es war ein entspannter und doch aufregender Tag: Ich hatte gerade das Manuskript zu meinem ersten Buch beim Verlag abgegeben, und so landete unser Gespräch irgendwann beim Thema Bücher.

»Ich habe auch eine Idee zu einem Buch«, bemerkte Isa, und ich war plötzlich ganz da. Alter Reportergeist: Verpasse nie eine Idee oder einen Hinweis! Es könnte der nächste Knüller sein!

»Worum geht's?«, fragte ich.

»Ich dachte, man könnte einen Bloggerguide für Mütter schreiben«, antwortete Isa.

Meine innere Stimme sagte sofort: »Jiiiiiiaaaaa!« Und das sagte ich auch laut. »Aber das Buch muss mehr als ein reiner Bloggerguide sein«, fand ich. »Es muss für alle Mütter interessant sein, die von zu Hause aus arbeiten wollen.«

Die Wahrheit ist: Ich hatte das ganze Mamitreffen im Park nur angeleiert, um Isa auszuspionieren. Wir kannten uns damals seit ein paar Jahren flüchtig durch einen Exfreund, der Musik machte und mit Isas Mann, Mitglied und Gründer der Elektroband Deichkind, befreundet war. In den letzten zwei Jahren hatte ich deshalb Isas steile Karriere im Internet verfolgt. Wohlgemerkt von zu Hause aus, zog Isa eine erfolgreiche Webseite nach der anderen auf und sammelte tausende Facebookfans und Werbekunden um sich. Und ganz nebenbei konnte ich irgendwann auf ihrem privaten Profil das Foto ihres zweiten Sohnes beglückwünschen. Ich war ratlos und stellte mir die klassische Frage: Wie – und vor allem wann – macht die das alles nur?

Ich wollte auch so sein: Babys kriegen, einen respektablen, coolen Job haben, der sich von zu Hause aus bewältigen lässt, und – natürlich – dabei gut aussehen.

Ich wollte unbedingt hinter Isas Geheimnis kommen. Ein Eiscafé in einem Park schien mir damals genau der richtige Ort für eine erste unauffällige Annäherung an meine Zielperson.

Inzwischen hat sie mir natürlich alles erzählt, was ich zum Beispiel für meinen eigenen Start als Bloggerin brauchte, und ich habe viele hilfreiche Tipps von ihr bekommen. Vor allem über das Zeitmanagement als Mutter.

Als Isa nämlich vor knapp drei Jahren mit zwei Freundinnen das heute sehr erfolgreiche Fashionista- und Mamaportal *hauptstadtmutti.de* gründete, war Zeit das größte Problem der drei.

Alle drei hatten Kinder und kein Geld für einen Babysitter, geschweige denn für eine Nanny.

Isas Sohn Gustav war noch ein kleines Baby.

»Also haben wir uns immer am frühen Abend bei einer von uns getroffen und alle dort übernachtet«, verrät mir Isa eines Tages beim gemeinsamen Buggyschieben über den Kollwitzplatz.

»Erst haben wir gekocht, mit den Babys gespielt und zusammen gegessen. Später, wenn alle Kinder im Bett waren, eine Flasche Wein aufgemacht und die halbe Nacht durchgearbeitet.«

Isa ist der Typ von Frau, den jeder Chef mit Kusshand einstellen würde – eigentlich. Sie ist 37 Jahre, wuchs in Halle und teilweise im Irak auf, machte ein Auslandsjahr in den USA, war Au-pair in Frankreich, schloss ein internationales Wirtschaftsstudium ab. Als Berufseinsteigerin sammelte sie Erfahrungen im Marketing, später stieg sie beim *Egmont Ehapa Verlag* zur Produktmanagerin auf. In dieser Position baute sie unter anderem das Onlineportal des *Micky Maus*-Heftes und des *Lustigen Taschenbuchs* auf. Mit Anfang 30 entschloss sie sich mit ihrem Freund und späteren Mann Philipp dazu, eine Familie zu gründen, und wurde prompt schwanger.

Doch es kam alles anders als gedacht. Isa erlitt in den ersten Wochen der Schwangerschaft eine Fehlgeburt, die sie ins Grübeln über ihre gesamte Situation geraten ließ. Vor allem überdachte sie ihren Job.

»Ich fragte mich, ob meine Firma wirklich das geeignete Unternehmen für mich war, wenn ich eine Familie gründen wollte«, erzählt mir Isa. »Viele meiner Kolleginnen kehrten nach ihrer Elternzeit nicht in ihre alten Positionen zurück, weil diese entweder vergeben oder mit Kind zu zeitintensiv war, und das stimmte mich nachdenklich.«

Also wechselte Isa als Marketingleiterin in eine Ausstellungsagentur und bekam zwei Jahre später ihren ersten Sohn Gustav.

»Ich habe sowohl meine Schwangerschaft als auch die Elternzeit wirklich ausgekostet«, sagt sie rückblickend über sich. »Während der Schwangerschaft war ich beim Pränatal-Yoga, habe Tagebuch geführt und eine dieser lustigen Schwangeren-Apps auf meinem iPhone gehabt, damit ich mich mit Philipp über die jeweilige Schwangerschaftswoche austauschen konnte. Und natürlich waren wir zusammen im Geburtsvorbereitungskurs für Paare. Ich fand das alles super. Heiraten, ein Kind bekommen, sich ein Leben als Familie aufbauen und nach so vielen Jahren des Arbeiten-Gehens, Ausgehens und Rumreisens Zeit für sich und das Baby haben, ein bisschen häuslich und gemütlich werden und sich aus einer anderen Perspektive sehen.«

Als frischgebackene Mama zog sich die einstige Karrierefrau dann also erst einmal komplett in die Komfortzone der Haus- und Ehefrau zurück: »Ich ging in Cafés, traf mich mit meinen Mami-Freundinnen zu Krabbelgruppen und fing sogar an zu nähen.«

»Halt! Stopp!«, falle ich ihr ins Wort. »Du redest von der Isa, die ich kenne? Niemals! Die sogar aus dem Kreißsaal, während sie mit ihrem zweiten Sohn in den Wehen lag, noch Businessmails an ihre *workyoulove*-Kollegin schrieb, um noch mal den wichtigen Start-up-Pitch durchzugehen? Du übertreibst«, protestiere ich.

»Doch, doch«, antwortet Isa. »In dem Jahr nach Gustavs Geburt hat die ganze Familie zu Weihnachten selbstgemachte Handyhüllen aus Filz von mir bekommen, auf die ich sogar mit neonfarbenem Garn Sprüche und Muster gestickt hatte.«

Die Phase der Gemütlichkeit endete erst, als Klein-Gustav krabbeln lernte und mit seiner neuen Mobilität gemütlichen Cafébesuchen den Garaus machte.

»Und dir war langweilig«, hakte ich ein.

»Ja, natürlich war mir langweilig. Und mir war klar, dass ich nach knapp einem Jahr Elternzeit ins Berufsleben zurückkehren wollte.«

Nun war die kleine Agentur, in der sie bis zu Gustavs Geburt gearbeitet hatte, gerade pleitegegangen. Jetzt hieß es, sich neu zu bewerben.

Und zu bewerben. Und zu bewerben.

»Nach einem Dutzend Bewerbungen ohne Antwort nahm ich irgendwann das Kind aus dem Lebenslauf. Dann wurde ich ziemlich schnell eingeladen«, erinnert sich Isa.

Das Kind als Hindernis im Vorstellungsgespräch? Bevor ich mit Isa gesprochen hatte, empfand ich das als veraltetes Klischee. »Du kannst dir nicht vorstellen, was ich mir alles anhören musste«, erzählt mir Isa, als wir endlich in eines dieser gemütlichen Dunkelholzcafés am Kollwitzplatz auf ein Stück Milchreistorte einkehrten.

»Da war ein Typ im Vorstellungsgespräch, der meinte ›Ja, ja. Ihr Mädchen aus dem Osten denkt, ihr kriegt das mit Kind und Arbeiten hin.‹ Oder noch schlimmer: ›Aber Sie müssen doch nicht viel verdienen. Sie sind doch verheiratet.‹«

Isa schüttelt den Kopf. »So jemandem willst du doch nicht als Chef haben.«

Nach ein paar Wochen Spießrutenlauf, auch Vorstellungsgespräche genannt, machte die spätere Hauptstadtmutti dem Drama ein Ende und beschloss, in die Selbständigkeit zu gehen und mit zwei Freundinnen *hauptstadtmutti.de* ins Leben zu rufen.

Die Idee zu diesem Mama-Internetportal hatte Isa gleich zu Beginn ihrer Elternzeit. »Während der langen Nachmittage, die ich mit einer Hand am Kinderwagen in den Cafés in Berlin-Mitte verbracht habe, hatte ich natürlich viel Gelegenheit, Leute zu beobachten. Aufgefallen sind mir diese wahnsinnig uniformierten Muttis, die in den Jack-Wolfskin-Funktionsjacken und Jogginghosen. Doch dann gibt es auch die, die sich ein bisschen Mühe geben und wahnsinnig stylish sind. Plötzlich schiebt eine ihren Kinderwagen in High-heels und Vintage-Jacke an dir vorbei, und du denkst nur: Wow! Was macht die wohl so im Leben? Was denkt die über dies und das? Und woher hat die überhaupt diese Schuhe? Mit *hauptstadtmutti.de* wollen wir genau diese Mamis porträtieren.«

Ob die Klamotten teuer oder billig waren, ist Isa und ihren Mitstreiterinnen egal. »Hauptsache, die Frauen haben ihren eigenen Stil«, betont sie.

»Isa«, traue ich mich dann endlich zu fragen, obwohl ich als die, die gerade ein graues T-Shirt mit Riss im Ärmel trägt, glaube, die Antwort zu kennen. »Bin ich auch eine Hauptstadtmutti?«

Isa lächelt, und ich bin auf alles gefasst. »Ja, Caro. Also, manchmal. Weißt du noch, als du neulich diese braunen Cowboystiefel anhattest? Da warst du eine.«

Ich nicke zufrieden. Letztendlich ist Isa ihr Projekt angegangen wie viele andere Selfmade-Moms: Sie hatte eine Idee, die es noch nicht gab. Der Rest ist Internetrecherche.

»Wir haben das Thema natürlich intensiv gegoogelt, waren auf vielen Styleblogs und haben viel recherchiert. Am Ende haben wir herausgefunden, dass es weltweit noch keinen Modeblog für Mütter gibt, und dachten: Das ist es!«

Und so begannen die langen Abende zu dritt. Wenn die Kinder im Bett waren, saß Isa mit ihren zwei Mädels zusammen und diskutierte darüber, welche Slogans greifen, wer die Fotos macht, wer die Texte schreibt.

»Bei uns war es so, dass ich viel Erfahrung im Erstellen von Onlineseiten hatte. Grundsätzlich kann sich heutzutage aber jeder einfach bei *Blogspot* oder *Wordpress* anmelden, wo alles Technische wie die Serversuche für einen erledigt wird.«

Isas Mitstreiterinnen, eine Grafikdesignerin und eine Modedesignerin, brachten den Rest des Know-hows mit, um die Seite so zu gestalten, wie es Thema und Zielgruppe angemessen ist. »Hätten wir das nicht zufällig so gut unter uns aufteilen können, hätten wir die Expertise aus dem Freundeskreis dazu holen müssen. Geld oder Startkapital hatten wir damals ohnehin nicht. Bis heute geben wir nur das Geld aus, das wir durch Anzeigen und Events, die wir manchmal für Firmen als Hauptstadtmuttis organisieren, eingenommen haben.

Für mich klingt das total spannend – einen Blog über ein Thema, das einen bewegt, schreiben, ihn jeden Tag mit Text, Bildern und Herzblut füttern, Fans auf Facebook sammeln, immer neue Leser begeistern. Nur, wie verdient man damit Geld?

»In unserem Fall nutzen wir Affiliateprogramme. Jeder Blogger kann sich im Netz auf einer dieser Seiten anmelden und sich dort Werbe-Anzeigen von verschiedenen Firmen heraussuchen, die er auf seine Seite stellt und die bezahlt sind. Klar muss man viel herumprobieren und für sich selbst schauen, was funktioniert. Zum Beispiel haben wir am Anfang nur die Fotos der Mütter gepostet. Daraufhin bekamen wir viele Lesermails, die wissen wollten, wer diese Mami auf dem Foto genau ist und was sie so macht. So haben wir längere Texte eingefügt und die Kleidung der Mutter per Affiliate verlinkt.«

In meinem Kopf notiere ich: alles ausprobieren, aus Fehlern lernen.

»Am Anfang fängst du einfach an zu bloggen und weißt nichts«, erklärt Isa weiter. »Und dann lernst du schrittweise, was deine Leser wollen.«

Als *hauptstadtmutti.de* ein Jahr alt wurde, fühlten sich die drei Gründerinnen in der Blogosphäre angekommen: »Plötzlich kamen große Werbepartner auf uns zu und wollten mit uns arbeiten. Von vielen PR-Firmen habe ich mittlerweile gehört, dass sie darauf achten, dass die Blogs, mit denen sie kooperieren, mindestens ein Jahr alt sind, sich also bewährt haben und keine Eintagsfliege sind.

»Und wie schaffst du das alles zeitlich?«, hake ich noch nach.

Isa teilt sich die Erziehung ihrer zwei Söhne mit ihrem Mann.

»Perfekt ist es, wenn der Partner mitzieht und ganz natürlich Verantwortung in der Familie übernimmt. Nur so kann das Konstrukt, dass Mütter so arbeiten wie sie wollen, funktionieren.«

In ihrem Fall sieht das dann so aus: Einen Tag die Woche passt Philipp auf den Kleinen auf, der Große geht ja sowieso immer bis vier Uhr in die Kita. An ihrem freien Tag geht sie in einen Coworking Space und powert den ganzen Tag durch: E-Mails beantworten, Posts schreiben. Die Fotos für den Blog macht sie zwischendurch beim Spazierengehen. Und einmal am Tag, immer um neun Uhr morgens, telefoniert sie mit ihren Mit-Bloggerinnen und geht in zehn Minuten ganz knapp den Tag durch. Was steht an? Wer muss was machen? So geht nichts verloren. Außerdem nutzt sie die Zeit, in der ihr sechs Monate alter Sohn Friedrich schläft.

Einen ähnlichen Tipp habe ich mal bei Jess von *irocksowhat.com*, einem meiner liebsten Mamiblogs aus den USA, gelesen. Auf die Frage, wann sie bloggt, schrieb sie der Leserin zurück, dass sie tagsüber darüber nachdenke, was sie machen wolle, dies konkret plane und dann die Fotos dazu knipse. Abends, wenn ihr Sohn Wyatt dann im Bett sei, bastele sie alles am Rechner zusammen. Eine der bereits erwähnten und erfolgreichsten US-Bloggerinnen überhaupt, Gabrielle von *designmom*, erklärte mal in einem Interview: »Lass das Haus ruhig chaotisch werden und mach deine Arbeit.« Sie muss es wissen. Die Gute hat allein auf Facebook 30000 Fans – und im echten Leben sechs Kinder!

Bei Isa scheint diese Zeiteinteilung sehr gut zu funktionieren, denn gerade hat sie die nächste Onlineplattform gegründet: *workyoulove*, ein Karriereportal für Mütter, die wieder in ihren Job einsteigen wollen.

Gemeinsam mit einer Mutter, die sie bei einem Startup-Event kennengelernt hat, baut sie die erste Internetplattform in Deutschland auf, die Stellenangebote speziell und nur für Mütter veröffentlicht. Unternehmen, vor allem große, wenden sich an *workyoulove*, um Jobangebote einzustellen, die sie speziell mit Müttern besetzen wollen, und die Moms können mit ruhigem Gewissen zum Vorstellungsgespräch gehen, ohne darauf warten zu müssen, mit Fragen zu ihren Kindern oder ihrer Familienplanung gegängelt zu werden.

Auf ihrem *workyoulove*-Blog posten Isa und Esther nicht nur regelmäßig Artikel mit neuen Zahlen und Fakten für Berufstätige, sondern stellen auch Themen wie Kinderbetreuung und Verantwortung innerhalb der Familie zur Diskussion. Über die internationale Netzwerk-Seite *Meetup.com* haben die beiden übrigens auch eine Gruppe ins Leben gerufen, die sich unter den »Mompreneurs« finden lässt. Tatsächlich haben die beiden *workyoulove*-Gründerinnen die erste *Meetup*-Gruppe deutschlandweit für solche Unternehmerinnen mit Kindern aufgebaut – und alle Achtung: Die Gruppe hat schon über 100 Mitglieder. Innerhalb einer solchen *Meetup*-Gruppe, in der jeder Mitglied werden kann, werden Treffen organisiert und Termine ausgetauscht.

Sprich: Was Sheryl Sandberg in Amerika und auch international mit ihrer *Lean In*-Bewegung in Gang gesetzt hat, erschaffen Esther und Isa mit *workyoulove* für Deutschland.

Aber wie sieht Isas Plan aus, wenn mal nichts geht und trotzdem viel zu tun ist? Isa hat schon die Jacke an, das Kabel ihrer Handyfreisprechanlage um die Schultern gelegt, Baby Friedrich die Mütze angezogen und in die Wagenschale gelegt. »Tja, wenn bei mir zu Hause alle Kinder krank sind, springen die anderen beiden Mädels ein. Oder es gibt halt keine Posts und keine Mails. Ist dann eben so.«

Stimmt, denke ich und sammele mit der Gabel die letzten Krümel meiner Milchreistorte auf. Ist dann eben so.

Isas Checkliste zur erfolgreichen Bloggerin

Erste Phase: Die Planung

● **Schreibe Deine Blogidee auf und identifiziere dich damit.**
Was ist dein Thema? Ob Straßenfotografie, Mode, Spielplatz-
reports, Kochen oder ein Liebhaberblog über Nähen, selbstgemachte Babybreie oder Töpfern, wichtig ist, dass du dir zu-
traust und vor allem Lust dazu hast, cirka 300 Posts im Jahr zu
diesem Thema zu schreiben.

● **Definiere ein Ziel oder mehrere Teilziele.**
Sprich: Ich will meine tollen selbstgemachten Töpferwaren zeigen. Vielleicht ein paar Fans sammeln. Gleichgesinnte treffen.
Vielleicht eines Tages Kurse anbieten oder meine Tonwaren
verkaufen.

● **Erstelle einen Zeitplan mit Milestones.**
Schreibe auf, was du jeden Monat schaffen willst. Erster Mo-
nat: bloggen. Zweiter Monat: 300 Leser am Tag haben. Dritter
Monat: die Weltherrschaft?

● **Erstelle einen Finanzplan.**
Sagen wir, du hast dir 300 Euro aus deinem Sparstrumpf gelie-
hen. Was brauchst du an Material? Eine gute Kamera? Einen
schickeren Rechner? Muss übrigens beides am Anfang nicht
sein! Wichtig ist, dass du vorher überlegst, wie viel Geld du für
deine Wunschgestaltung des Blogs brauchst.

UND JETZT: Leg los! Es dauert fünf Minuten, ein Profil bei Blogspot.com oder Wordpress.de anzulegen. Und dann: Oh, Wunder! Du kannst deinen ersten Post schreiben. Einfach so!

Zweite Phase: Der Inhalt

● **Finde deine Nische und deine Herde.**
Wir bleiben beim Beispiel vom Blog übers Töpfern. Dann wäre dein Blog ein Do-it-yourself-Blog. Das gibt dir die Möglichkeit, dich mit anderen Bloggern zusammenzutun, die ebenfalls selbstgemachtes als Thema haben. Ihr könnt gegenseitig für-einander Werbung machen und euren Bekanntheitsgrad erhö-hen, wenn ihr euch gegenseitig in einem Post vorstellt, emp-fehlt oder einfach nur erwähnt. Ansonsten versuche, dich von anderen Blogs zu unterscheiden. Zum Beispiel zeigt der Blog Ton-In-Ton immer nur Tontiere. Bau du dir also ganze Städte aus Ton, sei anders und möglichst interessanter als die anderen.

● **Entwickle eine eigene (Blog-)Sprache und einen eigenen Stil.**
Das braucht natürlich Zeit, kommt aber von ganz allein. Ver-sprochen! Überleg dir: Willst du den Leser direkt ansprechen oder eher sachliche Texte schreiben? Oder vielleicht nur ganz kurze Kommentare und Unterschriften zu deinen Fotos? Alles ist möglich!

● **Investiere in Design und Branding, entwickle zum Beispiel ein Logo, nutze verschiedene Spalten für unterschiedliche Inhalte oder für Werbung.**
Ein gutes Logo oder eine schöne Illustration, die deinen Blog einzigartig macht, ist eine Menge wert. Eine gute Platzeintei-

lung zwischen Text und möglicher Werbefläche ebenso. Vor allem dann, wenn du nicht nur zum Spaß bloggst, sondern auch irgendwann damit Geld verdienen willst. Frag einen Freund oder Bekannten, der gut zeichnen kann und sich mit Blogs auskennt. Und wenn es den nicht gibt (wer hat den schon!), recherchiere im Netz oder in Foren, wer dich kurzfristig dabei beraten könnte oder dir ein schönes Logo malt. Durchaus üblich sind auch Aufrufe in den Blogs selbst oder auf Facebook: »Hey, wer zeichnet mir ein schönes Logo?«

● **Entscheide, welche Bildsprache dein Blog spricht.**
Viele Fotos, wenig Fotos? Überlege dir, wie du den Blog gestalten willst – und ganz wichtig: Bleib dabei!

● **Binde Videos oder andere Medien ein.**
Ein wichtiger Schritt, denn komischerweise lieben die Leute Youtube, Vimeo und Co. Ob es nur eine Autofahrt über Land ist oder eine kleine persönliche Ansprache von dir, gefilmt mit der Handykamera, probier es einfach mal aus!

● **Blogge regelmäßig.**
Des Bloggers erstes Gebot! Denn nur so bleiben dir deine Leser treu. Und wenn mal keine Zeit ist oder du krank bist: Ein Fünf-Zeilen-Post nach dem Motto »Sorry, ich bin krank« mit dem Bild einer Teetasse tut's auch. Du wirst darauf mehr Kommentare mit den besten Wünschen kriegen als jemals vorher. Jede Wette!

Partnerschaften

● **Lerne deine Leser kennen.**

Sie sind plötzlich da, kommentieren oder schreiben dir Mails. Gewöhn dich daran, dass wildfremde Menschen dir schreiben, dich kritisieren oder dich loben, ohne dich zu kennen. Das hat öffentliches Bloggen so an sich. Geh auf ihre Wünsche und Anregungen ein und versuch, jedem Leser nett zu antworten – es sei denn natürlich, die Mails sind blöd oder absurd. Deine Leser interessieren sich nämlich für dich. Und manchmal kommen von ihnen Supertipps.

● **Vernetze dich mit anderen Bloggern.**

Das Zauberwort heißt Blogroll und ist die Leiste mit befreundeten Bloggern und den Links zu ihren Blogs, die rechts auf deinem Blog stehen können. Nutze sie! Durch die Vernetzung mit anderen erhöhen sich deine Besucherzahlen, und dein Blog wird bei den einschlägigen Suchmaschinen wie Google höher gerankt.

● **Entscheide, welche PR-Agenturen für deinen Blog wichtig sind.**

Du willst Geld mit dem Blog verdienen, richtig? Finde durch Internetrecherche heraus, welche PR-Agenturen die Produkte betreuen, die mit deinem Thema zu tun haben. Wenn du zum Beispiel einen Modeblog schreibst, wäre es gut für dich zu wissen, wer zum Beispiel die PR-Arbeit für Labels wie Lala Berlin oder Kaviar Gauche macht. Lass sie von deinem Blog wissen. Bei der nächsten Fashion Week oder der nächsten Showroom-Präsentation bist du geladener Gast! Aber auch, wenn es um Themen wie Bücher oder das liebe Töpfern geht: Es gibt viele PR-Agenturen, die genau auf Leute wie dich warten, um deine

Produkte gratis zum Testen oder als Rezensionsexemplare anzubieten.

● **Lass dich auf die Mailinglisten dieser PR-Agenturen setzen.**
Dasselbe Prinzip wie oben beschrieben: Schreib die Agenturen an, die die jeweiligen Produkte deines Interesses betreuen, und erfahre so als Erste, wenn ein neues Produkt auf den Markt kommt. Wenn du keine Lust hast, darüber zu schreiben – hey, niemand zwingt dich!

● **Erstell eine Liste mit deinen Wunschpartnermarken oder -shops, also deinen potenziellen Kunden.**
Geh in dich und überleg, wen du unbedingt als Partner gewinnen möchtest. Viele werden ohnehin auf dich zukommen, aber verpass nicht, die anzuschreiben, die du auf jeden Fall willst!

Einkünfte

● **Sammle und analysiere die Zahlen und Daten des Blogs.**
Das ist sehr wichtig! Denn sobald ein potenzieller Werbekunde auf dich zukommt, wird das seine erste Frage sein: Wie viele Klicks, Pageviews oder Besucher hat Ihre Seite am Tag? Wenn du deinen Blog über Wordpress.de oder Blogspot.com angelegt hast, ist die Sache ziemlich einfach, weil die Zählsoftware einfach dabei ist. Wenn dein Blog auf einem eigenen Server beheimatet ist, musst du dir in einem externen Programm wie Google Analytics ein Konto anlegen, das mit deiner Webseite verknüpft wird.

● **Leg die Preise fest.**
Du willst Geld mit deinem Blog verdienen? Dann entscheide von Anfang an, was welche Rubrik auf deiner Seite kosten wür-

de, angenommen, ein Anzeigenkunde würde sich dafür interessieren. Für Anzeigenkunden wird ein Blogger in der Regel interessant, sobald er 10 000 Unique Users im Monat hat – das sind etwa 300 Menschen, die deinen Blog pro Tag besuchen. Klar ist das viel, deshalb erreichen viele Blogger diese Besucherzahlen erst nach einem Jahr!

• Erstelle ein Mediakit.

Das ist ein Stück Papier, am besten als PDF zum Runterladen, das du denjenigen schickst, die sich als Anzeigenkunden für deine Seite interessieren. Du weißt nicht, wie das geht oder wie viel Geld du für einen gesponserten Post und eine Seite am Tag nehmen kannst? Erkundige dich bei anderen Bloggern oder fordere unverbindlich per Mail ihr Mediakit an. Dann hast du eine Vorlage.

• Entscheide, wann man nach Geld fragen darf und wann nicht.

Einen Werbepost für das Unternehmen der besten Freundin kostenlos? Logo! Wer würde das nicht machen! Aber besser, du hast klare Konditionen, die für alle gelten. Sonst fühlen sich deine Anzeigenpartner und Sponsoren irgendwann ungerecht behandelt.

• Welche Einnahmequellen funktionieren für deinen Blog?

Probiere aus: Affiliate, Banner, Advertorials, Sponsored Posts, Shops! Am besten, du probierst alle Mittel und Wege aus, mit deinem Blog Geld zu machen, und entscheidest dann, welcher für dich der Beste ist. Bei Affiliateprogrammen kannst du dich kostenlos anmelden. Fuchs dich rein, wer für dich gut ist – und ja: Das ist leider eine Heidenarbeit, erst einmal alles zu verstehen, die dir keiner abnehmen kann.

- **Arbeite, wenn es passt, mit einem Vermarkter zusammen.**
Wenn du schon eine gewisse Bloggröße hast, also 100 000 Klicks aufwärts im Monat, kannst du dich auch an Online-marketingagenturen wenden, die Blogs gegen Provision betreuen.

- **Gibt es durch den Blog noch andere Einnahmequellen? Welche?**
Zum Beispiel könntest du als Bloggerin übers Töpfern Töpferkurse anbieten, als Mamibloggerin Bloggernachmittage für andere Mamibloggerinnen machen, als Modebloggerin einen Vintageflohmakt veranstalten oder als Gourmetbloggerin Kochkurse anbieten. Auch hierfür lassen sich meistens ohne große Probleme Sponsoren finden.

- **Und das Allerwichtigste beim Bloggen:**
Habe Geduld, finde dich erst mal ein, lies viele andere Blogs und lass dich inspirieren! Alles kommt mit der Zeit. Rom wurde schließlich nicht an einem Tag erbaut, und dein Blog wird es auch nicht.

2. Summa cum Baby:
Wie Caro das Studium mit
Neugeborenem stemmt

»Wenn ich nachts wach lag, sehnte ich mich nach Klarheit. Nach mehr Schlichtheit. Dass ich endlich, endlich einschlafen könnte, nachdem mein Kopf stundenlang Gedanken-Karussell gefahren ist, und dass mein Leben am nächsten Morgen weniger komplex wäre. Ich sehnte mich schlicht danach, dass das Neugeborene neben mir nicht gleich schon wieder anfing, zu weinen, und der Mann neben mir für fünf Minuten mal aufhören würde zu schnarchen ...«

Das Ergebnis war jeden Morgen das Gleiche: Völlig gerädert wachte ich nach einer dieser Neu-Mama-Durchgemachten-Nächten auf und fühlte mich morgens so müde wie früher abends kurz vorm Einschlafen. Nachdem ich Maxime zwei Mal gestillt, gewickelt, umgezogen und zum Vormittagsschlaf hingelegt hatte, brachte ich gerade noch die Kraft auf, mich anzuziehen, ein dickes Brot mit Frischkäse und Lachs zu essen und koffeinfreien Milchkaffee zu trinken. Und die ganze Zeit fühlte ich mich einfach nur fertig und fett. Was ich ja auch war. Die Waage stagnierte nach der Entbindung, ich wog acht Kilo zuviel und aß ständig, weil ich das Gefühl hatte, sonst vor Hunger zu sterben.

Keine optimale Ausgangssituation, um das Semester an der Uni zu stemmen. Doch die Entscheidung stand fest: Ich würde kein Urlaubssemester nehmen, sondern mit Neugeborenem weiterstudieren.

Aber es würde ein Kampf werden. Das wurde mir jetzt langsam klar. Die Zeit der Quasi-Langeweile und Eintönigkeit als neugeborene Mutter, wie sie vor kurzem noch wie ein Nebel über meinem Alltag hing, war vorbei – das hatte ich nun davon! Hinzu kam noch unsere neue Wohnsituation.

Pausti und ich hatten noch kurz vor Maximes Geburt eine größere Wohnung im Berliner Familien-Vorzeigekiez Prenzlauer Berg gefunden. Der Gedanke, dass ein Neugeborenes in einer noch nicht eingerichteten Wohnung doppeltes Durcheinander bedeuten würde, kam uns damals nicht. Und jetzt war es zu spät, und die Wohnung beherrschte uns. Also eigentlich mich. Denn mein Mann verließ jeden Morgen das Chaos und ging zur Arbeit. Er hatte den Blick frei, bestellte fast täglich im Internet neue Möbel und Sachen für Maxime.

Eine Sache, die ich damals zwar schon wusste, aber bis heute nicht gelöst habe, ist die Sache mit dem Zeug. All' die Sachen, die wir besitzen. Der ganze Kram, der Keller, Garagen, Abstellräume, Schränke oder ganze Zimmer füllt. Meine Güte!

Was hat der moderne Mensch, der normale Konsument doch alles für Zeug!

Ein durchaus zeitgemäßes Thema.

»Geht dem Kapitalismus die Kraft aus, weil wir nicht ständig mehr konsumieren können?«, fragte *Die Zeit* in einer ihrer Titelgeschichten. Offenbar nicht, denn alleine 2011 war das Plus an Gütern und Dienstleistungen, laut dieser Zeitung, größer als in irgendeinem der achtziger Jahre.

Gerade bei jungen Eltern kann man dieses Phänomen vermehrt beobachten.

Nach einer Geburt meinen alle Verwandten, Freunde und Kollegen es gut mit der jungen Mutter und dem Baby. Was hatte ich nicht alles geschenkt bekommen! Maxime besaß schon jetzt gefühlt mehr Spielzeug, als ich in meiner gesamten Kindheit. Quietschtiere, Knabberringe, Namens-T-Shirts, ja, sogar ein Schaukelpferd. Und dazu gesellte sich noch der ganze Krempel, den wir, seine Eltern, in einem Anfall von Unsicherheit und Wahnsinn angeschafft hatten. Ein Sterilisator für die Fläschchen, obwohl ich voll stillte. Eine Babybadewanne, obwohl man Babys auch in der normalen Wanne baden kann. Drei Variationen von Spieldecken mit hängendem, lärmendem Spielzeug dran.

Alles Sachen, die ja auch aufgeräumt werden müssen. Jeden Tag sah die Wohnung abends wieder aus wie ein Schlachtfeld – und aufgrund ihrer Größe bis heute sogar ein unkontrollierbares. Denn wenn man in die obere Etage einigermaßen Ordnung gebracht hat, die Wäsche zusammengelegt ist, das Spielzeug weggeräumt, der Windelmülleimer im Bad geleert, kann man abends, vor allem in der Küche, wieder von vorne anfangen.

Ich sehnte mich danach, wie ein Einsiedler in einer Hütte zu leben, nur mit einem Bett, Stift und Zettel (oder aus Gründen der Gewohnheit einem Laptop) und mit Blick auf die Berge. Ein Baby macht einen solchen Rückzug leider unmöglich. Denn wo hätte ich in dieser Hütte den Sterilisator für die Schnuller und mein Abpumpgerät, den Autositz, das Babyphon, die Windeln, den Wickeltisch und die tausend kleinen Accessoires untergebracht?

Also müsste ich in den nächsten Wochen versuchen, das ganze Chaos um mich und Herrn Maxime auszublenden, und mich in die Uni-Arbeit stürzen. Im Sinne von: Nur das

Notwendigste fokussieren und die Gelassenheit haben, alles andere auszublenden.

Also machte ich mich an einem Mittwochnachmittag auf, schnürte Mini-Maxime in sein Wickeltuch, zog den weiten Wintermantel drüber und stapfte in Gummistiefeln durch den Schnee los zur Berliner Humboldt-Uni, um die Leiterin des Seminars für Zentralasien-Studien zu treffen. Im kleinen Arbeitszimmer meiner Professorin, das mit alten Büchern und orientalischen Wandteppichen vollgestopft ist, war meine einzige Sorge eigentlich, dass das Baby unter meiner Jacke jederzeit losbrüllen könnte und die Situation so etwas unpassend und anstrengend werden könnte. Aber es ging erstaunlicherweise gut. Maxime schlummerte in seinem Tuch und wachte eine Dreiviertelstunde lang nicht einmal auf.

»Es wäre in der Tat obsolet, wenn sie das Baby in die Seminare mitbringen würden, dort stillen würden oder es trösten würden, wenn es schreit. Er ist einfach noch zu klein, und sie wären der Running Gag«, merkte meine Seminarleiterin gleich am Anfang belustigt an, ohne es böse zu meinen.

»Dann kann ich von zu Haus arbeiten,«, fragte ich vorsichtig.

»Sie müssen eine Ersatzleistung erbringen. Das ist klar«, erwiderte sie.

Wir vereinbarten 100 Seiten. Zusammenfassungen, Inhaltsangaben über tatsächlich spannende Themen wie Migrationsströme in Zentralasien, die Aralsee-Katastrophe, die Pressefreiheit in Turkmenistan oder das Politikum um die Wasserverteilung und Staudämme zwischen Usbekistan und Tadschikistan.

Dazu sollte ich jeden der anderen vier Professoren anschreiben und um eine Extra-Aufgabenstellung bitten, und eine weitere Hausarbeit zur Mongolei stand auch noch an. Alles zusammen rund 200 Seiten – in vier Wochen. Selbst ohne Baby war das schon schwer zu schaffen. Aber trotzdem: Mein Ehrgeiz war geweckt. Und ich hatte das Bedürfnis, nicht nur an Maximes nächste Mahlzeit zu denken, sondern mich auch mit anspruchsvolleren Themen auseinanderzusetzen. Außerdem konnte ich mich bei der Lektüre wegträumen und mir ausmalen, wohin wohl einmal unsere Reisen gehen würden. Nach Tadschikistan? Indien? Oder auch nach Aserbaidschan?

»Ich verspreche dir viele Reisen«, sagte ich meinem Neugeborenen damals, der auf meinem rechten Knie, eingemummelt in sein Wickeltuch, meistens schlief, während Mama auf ihrem linken Knie mit ihrem Laptop sonore Tipplaute machte. Klickklickklickklick …

So ging das die nächsten Wochen. Ich trug mein Baby im Haus rum, erzählte ihm Geschichten, wir machten erste Versuche, auf einer Kuscheldecke zu spielen, gingen einkaufen, in die Bibliothek, und sobald Maxime schlief, klappte ich meinen Laptop auf. Es war so Zen. Ruhe, Konzentration und Fokus.

Und ich kam wirklich voran, denn ich hatte ja Zeit. Da ich voll stillte, ging ich nicht aus, trank und rauchte nicht, ging früh schlafen und war zwar müde, aber durch nichts abgelenkt.

Ich fand heraus, dass ich mit dem Schlafentzug relativ gut zurechtkam, solange ich nur sehr früh schlafen ging. Die Rede ist hier von neun oder zehn. Gut für die Beziehung ist das natürlich nicht. Aber was sollte ich auch machen, ohne zu Super-Woman mutieren zu müssen. Studieren und Baby war nur möglich, indem ich in anderen Bereichen wie Beziehungen und Freundschaften Abstriche machte. Irgendwoher musste die Zeit ja am Ende des Tages kommen. Und das war mir bewusst.

Pausti und ich lebten deshalb in diesen Monaten aneinander vorbei. Sobald er um acht Uhr nach Hause kam, war ich eigentlich schon im Bett. Wir zoffften uns zum ersten Mal richtig, zum zweiten Mal, zum dritten Mal, bis wir uns irgendwann nur noch stritten, wie viele junge Eltern auch. Aber wir blieben zusammen. Und das ist schließlich, was zählt.

Und am Semesterende wurde ich fertig. Eines Morgens heftete ich meine Hausarbeit und fühlte die Dicke der ganzen Papierseiten. Mein Baby wog fünf Kilo, und ich hatte 200 Seiten geschrieben. Ich war unglaublich stolz auf beides – und auf mich. Gestillt und geschrieben. Es war ein gutes Gefühl. So konnte es weitergehen.

Doch dann kam das zweite Semester, und es wurde kompliziert, um nicht zu sagen: ein Desaster. Und so ganz habe ich mich davon bis heute noch nicht erholt. Rückblickend würde ich sehr vieles anders machen. Maxime war mittlerweile fünf Monate alt, und – es half nichts mehr – ich musste zurück in die Seminare. Der Baby-Bonus war aufgebraucht. Ich musste Sprachkurse belegen und an Block- und Wochenendveranstaltungen teilnehmen. Zusammen waren das acht Stunden die Woche Präsenzpflicht. Das machte 80 Euro die Woche alleine für den Babysitter, da mein Mann Vollzeit arbeitete.

Hinzu kamen noch die kleinen Ärgernisse, mit denen eine junge Mutter sooft kämpfen muss. Zwar war die Uni so nett, mir einen freien Raum für die Babysitterin zur Verfügung zu stellen, weil ich anfangs Maxime noch in meiner Nähe haben wollte, andererseits fand ich eines Tages einen großen Zettel an der Eingangstür des Instituts mit der Bitte, die (wohlgemerkt nur Pipi-)Windeln doch nicht im Büromülleimer, des wohlgemerkt leeren Büros zu entsorgen. Im 21. Jahrhundert? Dem Jahrhundert mit Frauenquote und verbesserter Familienpolitik? An einer staatlichen Uni? Wo die Putzfrau jeden Abend kommt. Ernsthaft?

Es mag andere Meinungen geben, aber ich rang damals nach Luft und beschloss nach diesem Vorfall, Maxime zukünftig mit der Babysitterin zu Hause zu lassen, was mir allerdings fast das Herz brach.

Aber ich hatte auch viel Unterstützung. Von meinem Professor zum Beispiel:

»Bringen Sie ihren Sohn einfach mit, Frau Rosales«, sagte er cool und ich traute meinen Ohren kaum. Maxime war nämlich leider nicht so das »Ich-sitze-hier-still-Baby« und robbte mit fast sechs Monaten schon leidenschaftlich gerne über Fußböden. So war es immer ein kleines Glücksspiel, wie lange er mit mir im glühend heißen Juni-Sonne-Seminarraum durchhalten würde. Mit Schnuller und Spielzeug schaffte ich es meist, ihn zwei Stunden ruhig zu halten. Das war das absolute Limit und danach war ich schweißgebadet.

Am Ende des Sommersemesters hatte ich zwar wieder alle Scheine zusammen, aber durchaus Federn gelassen, kaum Geld mehr auf dem Konto und alle Energie-Akkus aufgebraucht.

Im Nachhinein denke ich, mein Fehler war, das ganze Kurspensum auf Biegen und Brechen schaffen zu wollen. Sicher hätte ich dann ein Semester mehr studieren müssen, aber was sind schon sechs Monate, wenn man am Ende Geld und Nerven gespart hat.

Nun war es so, und sicher war, dass ich eine Pause brauchte. Da kam das dritte Semester ganz gelegen, in dem der Studienplan Auslandsaufenthalte und Studienreisen vorsah, an denen ich natürlich nicht teilnehmen wollte. Endlich konnte ich also eine Auszeit nehmen! Bis heute habe ich drei Viertel des Studiums in der Tasche. Etwas langsamer, als ich mir vorgenommen hatte, aber versprochen: Anfang 2014 den Abschluss, mein Wort drauf!

Mir ist wichtig klarzumachen, dass es geht: Man kann Mama und Studentin sein. Ich habe gelernt, dass man an das Thema Studium mit Kleinkind viel selbstbewusster herangehen muss. Schließlich ist die Universität fast immer eine staatliche Einrichtung, und Frauen sollten gerade hier ihre Rechte einfordern. Deutschland, das Land mit einer zu niedrigen Geburtenrate und laut einer aktuellen Studie der Stiftung für Zukunftsfragen eines der kinderunfreundlichsten Länder Europas, will mehr Nachwuchs? Dann müssen hierfür auch die Rahmenbedingungen geschaffen werden! In einer Studie für das Bundesfamilienministerium ermittelte der Bevölkerungsforscher Martin Bujard jüngst, dass eine durchschnittliche Akademikerin über 34 im Laufe ihres Lebens 1,24 Kinder bekommt. 2011 ist der Wert auf 1,34 Kinder gestiegen. Das ist zwar gut, aber noch lange nicht sehr gut.

Theoretisch ist dank der 68er-Bewegungen und der Frauenrechtsaktionen in den Siebzigern und Achtzigern bereits viel erreicht worden.

An der Humboldt-Uni und der Freien Universität Berlin zum Beispiel gibt es Uni-eigene Kitas, Familienbüros und

Frauenbeauftragte. Man kann sich beraten lassen, und für das »Studium mit Kind« gibt es sogar eine eigene Broschüre.

Dass tatsächlich natürlich nie alles so funktioniert, wie es in den Handzetteln steht, und mehr noch, dass der Flyer glatter Selbstbetrug der Uni ist, weil vieles seit fünf Jahren schon wieder anders läuft, ist klar, hat aber nichts damit zu tun, dass hier Mütter diskriminiert werden sollen, sondern dass es an der Uni (das wusste ich bereits vor Maxime!) immer etwas chaotisch in der Bürokratie zugeht.

Und deshalb mein Tipp: Wer als Mama Lust hat, soll studieren, studieren, studieren. Sich dabei durch die manchmal etwas holprige Uni-Bürokratie nicht entmutigen lassen, sondern den Weg für die Generation unserer Töchter ebnen. Und auf die Gefahr, jetzt wie (die allerdings kinderlose) Alice Schwarzer zu klingen: Nur so werden wir erreichen, dass auch an Unis stärker darüber nachgedacht wird, wie man Frauen das Studium mit Kind noch weiter erleichtern kann, so dass die Geburt des Kindes nicht das Aus für den akademischen Werdegang darstellen muss. Wie viele Frauen tatsächlich aufgrund ihrer Schwangerschaft, ihrer Kinder oder ihrer Familienplanung das Studium abbrechen, ist nicht bekannt, da eine Exmatrikulation meistens ohne Angabe von Gründen passiert. Fest steht jedoch – laut den Zahlen des Spendenprojektes *Madame Courage* aus Münster, das studierende Mütter unterstützt –, dass die Zahl der studierenden Eltern an Universitäten zwischen sieben und zehn Prozent liegt, etwa ein Drittel davon sind Alleinerziehende. Und die brauchen Unterstützung und Mitstreiterinnen!

Fünf Tipps, die Mamas das Studium erleichtern

- Erkundige dich, am besten vor der Immatrikulation, nach Präsenzzeiten und lasse dich von der jeweiligen Institutsleitung beraten, ob es möglich ist, einige Teile des Studiums von zu Hause aus durch sogenannte Ersatzleistungen (Hausarbeiten etc.) zu absolvieren.

- Stelle dich bei der Frauenbeauftragten deiner Uni vor und bleibe mit ihr am besten im engen Kontakt. Erkundige dich über deine Rechte als Mutter, auch in Bezug auf Härtefallanträge, BAföG und Urlaubssemester. Zugegeben: Viel Papierkram, der aber Vorteile und sogar Geld bringen kann.

- In fast jeder Staatsbibliothek gibt es mittlerweile Spielkisten, also eine Plastikbox mit Spielzeug, zum Ausleihen. Nutze sie! Sie sind für dich angeschafft worden. Und wenn dein Baby mal in der Bibliothek zwischen all' den arbeitenden Studenten und Lehrkräften kurz rumbrüllt – dann ist das halt so!

- Überfordere dich nicht und traue dich ruhig, Abgabefristen für Hausarbeiten nach Vereinbarungen mit den Professoren zu verlängern. Das machen schließlich andere Studenten auch.

- Genieße die Vorteile der Uni. Den hauseigenen Kindergarten (den gibt es manchmal), die Grünflächen, die Mensa.

Und du wirst sehen, dass dein Einjähriger sich zuweilen bei Tisch in der Kantine besser benimmt als so mancher Erstsemester-Student am Nebentisch.

3. Woher bloß die Zeit nehmen:
Tanya erobert die Medienwelt (zurück)!

»Du bist Mutter von zwei Kindern, hast einen Mann und gehst 30 Stunden die Woche arbeiten. Woher nimmst Du dann noch die Zeit zum Bloggen?« Sophie Lüttich, die ihren Mama-Blog Berlin Freckles regelmäßig mit langen Texten füllt, fand diese Frage eines Lesers so bemerkenswert, dass sie sie gleich mit allen ihren Freunden auf Facebook teilte.

Die Frage fiel mir prompt wieder ein, als Isa und ich Tanya in einem Kaffeeladen in Berlin-Mitte das erste Mal trafen. Isa hatte mir an diesem Morgen schon eine SMS geschrieben, dass die Bahn ausgefallen sei und sie jetzt den ganzen Weg von Pankow mit Friedrich im Kinderwagen zu Fuß gehen und sich also verspäten würde. Und so beschloss ich, es mir in der heizungswarmen Sofaecke des Cafés mit Maxime gemütlich zu machen. Beim Reinkommen suchte ich trotzdem schon mal nach Tanya, obwohl ich sie bis dato nur aus Isas Erzählungen kannte.

Aber Tanya Neufeldt hat ein prominentes Gesicht. In den Jahren 2000 bis 2010 drehte die heutige Mama des dreijährigen Noah als Schauspielerin sehr erfolgreich fürs Fernsehen. Sie stand bei Serien wie *Der letzte Zeuge*, *SOKO Köln*, *SOKO Leipzig*, *Mord mit Aussicht*, *Danni Lowinski* und *Alles Klara* vor der Kamera – und das ist auch nur ein kleiner Auszug aus ihrer Vita. Eigentlich müsste ich sie doch auf den ersten Blick erkennen!

Ich wickelte mich beim Reingehen aus meinem Schal,

schaute mich angestrengt um und erblickte eine Frau, die so aussah wie auf den Google-Fotos, wenn man »Tanya Neufeldt« eingegeben hat. Sie saß an einem Ecktisch, hatte ihre Jacke noch an und war hochkonzentriert über die Tastatur ihres Laptops gebeugt. Wenn ich tippe, dann macht es gewöhnlich: »Klack, Klack, Klaaaack, Klack …«. Bei ihr machte es: »Klackklackklack …«, was mich faszinierte.

»Hallo, du bist Tanya«, sprach ich sie einfach mal an.

Sie lächelte sofort und strich sich durch ihre etwas zerzauste, allerdings sehr aufwendig gestufte Kurzhaarfrisur.

»Ja! Hallo! Also …«

»Schon gut«, unterbrach ich sie. »Wir warten ja noch auf Isa. Maxime und ich holen uns erst einmal etwas zu trinken und dann setzt du dich einfach zu uns, wenn du fertig bist.«

Tanya lächelte wieder, diesmal erleichtert: »Alles klar.«

Ich ging zum Tresen, bestellte eine lauwarme Milch für Maxime und eine Cola light für mich, und während ich die zwei Getränke mit Baby auf dem Arm zum Couchtisch balancierte, wurde mir zum ersten Mal richtig bewusst, wann wir alle diese Dinge wie Bloggen oder Schreiben machen, worüber sich die Welt dann wundert, das wir das auch noch geschafft haben. Jetzt, verdammt! Genau, jetzt, in solchen Situationen! Wenn die Freundin noch auf sich warten lässt, der Termin sich um 15 Minuten verschiebt, das Kind mittags überraschend eine halbe Stunde länger schläft. Diese Zeit effektiv zu nutzen, war uns schon in Fleisch und Blut übergegangen.

Wäre Maxime nicht bei mir gewesen, der natürlich bespaßt werden wollte, hätte ich es genau wie Tanya gemacht.

Effizienz wie gezwungenermaßen nur Eltern sie kennen, das sei hier mal gesagt!

»Ich setz' mich mal zu Dir«, unterbricht Tanya meine Gedanken.

In diesem Moment manövriert auch Isa ihren Kinderwagen zur Tür herein und wir sind endlich komplett.

Es wird ein Mami-Talk mit Cappuccino, Anekdoten und irgendwann auch Kinderkeks an der Sessellehne. Schnell stellt sich raus, dass Tanya ganz in der Nähe des Cafés wohnt. Sie lebt mit ihrem Mann David, der für eine der wichtigsten deutschen Kommunikationsagenturen arbeitet, in einem dieser hübschen Berliner Altbauhäuser, die weniger nachbarschafts-anonym als hippiesque sein wollen. In Tanyas Haus haben alle der Familien Kinder.

»Entweder sind alle nachmittags bei mir und wollen spielen und Spaghetti, oder wir besuchen die Nachbarskinder«, erzählt sie.

Gelebtes Großstadtdschungel-Idyll. Tanyas Sohn Noah geht mittlerweile in die Kita, und Tanya arbeitet neben dem Schreiben wieder in ihrem Beruf als Schauspielerin. Und mehr noch: Sie schreibt ein Buch, ist Kolumnistin bei der Tageszeitung *taz* und bloggt als ihr erfundenes Alter Ego Lucie Marshall über ihre Erlebnisse als Mutter. Über das Leben, das sie heute mit Noah führt, nachdem sie, wie sie selber sagt, jahrzehntelang ein eigenständiges, unabhängiges Leben als viel herumreisende Frau geführt hat.

Heute ist natürlich vieles sehr anders. Als Tanya schwanger wurde, war sie 37 Jahre alt und mit ihrem Mann David bereits einige Jahre glücklich verheiratet. Die beiden hatten sich immer Kinder gewünscht, und eines Tages war es dann soweit. Für Tanyas Schauspielberuf bedeutete das

Schwangerenglück allerdings von heute auf morgen die berufliche Vollbremsung. Dahinter stecken vor allem Gründe, die viel mit Murphy's Law zu tun haben: »Das Leben ist für 98 Prozent der Schauspieler ein Auf und Ab. Mal hat man tierisch viel zu tun, dann wieder monatelang Ruhe. Die ersten Monate mit noch unsichtbarem Kind kam nix und kaum hatte ich eine Plautze, kamen die sexy Liebhaberin-Angebote«, erzählt sie.

Tanya musste also viele Rollenangebote absagen, weil man der Verführerin natürlich nicht einfach so eine Schwangerschaft ins Skript dichten kann. Sie selbst sah das mit gemischten Gefühlen. An manchen Nachmittagen kuschelte sie sich in aller Seelenruhe auf die Couch, sah die x-te Wiederholung von *Hart aber Herzlich* und streichelte ihren Bauch. Dann wieder hatte sie plötzlich die Befürchtung, ihr Leben, wie sie es kannte, könnte vorbei sein. So ging das bis zu Noahs Geburt.

Und darauf folgte das, was man das Leben nennt. Und Mutterliebe. Diese Art von Liebe, die mit der Geburt eines winzigen schlummernden Neugeborenen gerne über besonders organisierte Mamas hereinbricht und alle ehrgeizigen Pläne – wie damals meinen, nach sechs Monaten wieder arbeiten zu gehen – wie Platzregen auf Sand einfach wegschwemmt. Und so erging es auch Tanya.

Noahs Geburt und die erste Zeit danach stellten sich als kompliziert heraus – allerdings mehr für die neugeborene Mutter als für das kerngesunde Baby. Der Kampf mit der schmerzhaften, zwischenzeitlich dann auch entzündeten Kaiserschnittnarbe, dem Babyblues und dem Abschied vom wilden Leben als Schauspiel-Nomadin begann und dauerte an.

Spontan – mit dem Liebsten oder zum Drehen – nach Honolulu, das war mal! Und auch andere alltägliche Sachen, die Tanya aus den Jahren zuvor kannte, waren plötzlich über Nacht ein Ding der Unmöglichkeit geworden. Ausgehen, morgens lange ausschlafen, ein ganzes Buch am Stück lesen waren Erinnerungen aus ihrem alten Leben, bald nur noch fragmentarische Erinnerungen.

Tanya, die gerade als Schauspielerin über Jahre hinweg immer auch sehr viel Körpersprache und Einsatz bringen musste, vermisste es, Sport und Yoga zu machen. Doch schon alleine wegen der Kaiserschnittnarbe musste sie sich drei Monate lang schonen.

Dabei beschlichen sie Gefühle, wie eben (fast) jede Mutter sie anfangs kennt. Das Baby fordert volle Aufmerksamkeit, Stillen bedeutet auch viel sitzen und die Bauchdecke fühlt sich an wie Puddingbrötchen. Hinzu kam, dass Noah ein Frühchen war und die ersten zwei Wochen im Brutkasten gelegen hatte. Deswegen fiel es Tanya auch zunächst sehr schwer, ihren Sohn allein zu lassen. Auf den Post einer befreundeten Mama-Bloggerin hin kommentierte Tanya diese Zeit spontan folgendermaßen: »Loslassen ist die größte Herausforderung und eine, auf die ich am wenigsten vorbereitet war. In der Schwangerschaft war ich der Meinung: ›Kind kann natürlich mit 6 Monaten in die Kita. Auch Großraum. Ich bin da ganz lässig und vor allem keine Glucke!‹ Als mein Sohn geboren wurde, dachte ich: ›Oh Mann, gibt es Krippen auch für 16jährige??? Vorher schaff ich das nicht.‹ Und auch wenn ich heute das Arbeiten und Alleinreisen sehr genieße, vermisse ich den kleinen Mann sehr schnell sehr.«

Und so genoss die Schauspielerin mit dem hohen Bekanntheitsgrad etwas ungeplant, aber glücklich, ein Jahr lang die Anonymität, Schlaflosigkeit, aber auch den Müßiggang des Mamaseins. Müßiggang gepaart mit Stimmungen wie »Ich krieg ne Meise, wenn ich noch einen Brei kochen muss!« – aber welche Mutter kannte das nicht!

Für Tanya war das in Ordnung, genauso wie ihrem Mann, der beruflich nach München musste, mit dem sechs Monate alten Noah zu folgen. Keine einfache Situation, wie sich herausstellen sollte ...

Ein Schlüsselerlebnis ist ihr dabei besonders im Gedächtnis geblieben: Der Frühlingsnachmittag, an dem sie bei schönstem Sonnenwetter mit Baby Noah auf einer Decke saß und vergeblich versuchte, Kontakt zum Kreis von fünf Müttern mit Babys und dem dazugehörigen Spielzeug auf den Decken zwei Meter weiter aufzunehmen, was sich schließlich als chancenlos erwies.

Jeder Versuch, die Damen anzusprechen, endete mit abfälligen Schulterblicken und desinteressierten Antworten, bis sich schließlich eine in der Gruppe erbarmte und Tanya verriet, wo sie am besten im Internet nachsehen könne, wenn sie Mutter-Kind-Aktivitäten in München suche. Die andere Mutter siezte Tanya sogar – was verbal natürlich einer Ohrfeige gleichkam – und abends nur mit ein paar Gläsern Trost-Weißwein wegzustecken war.

In ihrem Bestseller *Bringing Up Bébé* beklagt sich die US-Autorin Pamela Druckerman, die als Journalistin in Frankreich lebte, dass die Pariserinnen ihr als Amerikanerin anfangs die kalte Schulter zeigten, indem sie keine sogenannten *Me-Toos* (dt.: Ich auch) machten. Sprich: Wenn sie die anderen Mütter beim Abholen der Kinder an der Krippe antraf, war nie wirklich eine dabei, die Sachen sagte wie: »Oh, du gehst noch zum Supermarkt? Ich auch!«, »Ach, du nimmst den Heimweg durch den Park? Ich auch!« oder »Echt, du gehst zum Babyschwimmen? Ich auch!«.

Ein bisschen so erging es Tanya in ihrer Zeit in München. Aber liebe Münchener Mamas, jetzt bitte nicht böse sein! Tanya hat nämlich auch andere Erfahrungen in München gemacht und in ihrer damaligen Nachbarin eine Seelenverwandte gefunden. Sie hat eine Tochter in Noahs Alter und die beiden Moms saßen abendelang zusammen, haben geflucht, gelacht, Kinderwagen geschuckelt, sich gegenseitig bekocht, die Kinder auf die Decke zum Spielen gelegt und stundenlang über Filme geredet.

Und wie München hatte dann natürlich auch Berlin wieder seine Tücken. Als Noah 13 Monate alt war, kehrte die Familie zurück in die Hauptstadt. Nach Mitte, unweit von meinem Wohnkiez. Und aus eigener Erfahrung kann ich sagen, dass wir Prenzlauer-Berg-Mamis (Ich nehme mich da überhaupt nicht aus!) mit unserem Bioladen-Dinkel-Früherziehung-versus-Waldorf-Tick auch echt anstrengend sein können.

Zurück in Berlin beschloss Tanya, die vor Jahren sogar schon einmal eine bis heute gut laufende Accessoires-Boutique in den Hackeschen Höfen eröffnet und wieder verkauft hatte, nach einem Jahr Babypause in ihrem ursprünglichen Metier Film und Fernsehen wieder durchzustarten.

Denn das war es doch, was man jetzt von ihr erwarten würde. Doch stimmte das überhaupt? Und viel wichtiger: Wollte sie ihr altes Leben mit Jetset, monatelangen Drehs und Abendveranstaltungen in Galaroben überhaupt zurück?

Tatsächlich hatte Tanya, die Schauspielerin, nach einem Jahr mit Baby Noah eine Sinnkrise. Die Rollenangebote waren während der Elternzeit weniger geworden, über viele Dinge dachte sie mittlerweile anders.

Zwar stand sie für einen Film und die ARD-Serie *Alles Klara* vor der Kamera, aber sie stellte sich dabei immer wieder die Frage: Wo geht's jetzt lang? Du bist Ende 30 und hast ein Kleinkind. Wohin geht die Reise jetzt beruflich?

Bis sie es eines Tages wusste. Und dann auch machte. Aus Tanya Neufeldt wurde die Schriftstellerin, Kolumnistin und Bloggerin Lucie Marshall. Eine Neuerfindung ihrer selbst!

Lucie Marshall ist eine Kombination aus dem Namen von Tanyas schottischer Großmutter und dem ihrer Schwester. Das Pseudonym erlaubt es Tanya durch die Distanz, die es schuf, Dinge zu überspitzen. Zum Beispiel, wenn sie von dem Gefühl von Freiheit erzählt, ohne ihr Kind ein Hotelzimmer zu haben und endlich mal wieder in Ruhe und so lange sie will, auf der Toilette sitzen zu können. Oder von der romantischen Valentinstagsnacht mit ihrem Mann, die damit endet, dass ihr Einjähriger ihr den BH und das neue Negligé vollkotzt, oder davon, wie sie einen lustigen Auftritt in Moonboots und Bademantel im Nobelhotel Hyatt hinlegte, oder, oder … Wenn Tanya ihre Lucie von der Kette lässt, die erklärt, wie ihre Brüste zur Nahrungsquelle wurden oder ihr »kleiner Mann« eine Tyrannenherrschaft begründet, lache ich bei jedem ihrer Posts mindestens einmal laut. Das Geheimnis ihres Erfolges erkläre ich mir so: Tanya steht zwar beruflich in der Öffentlichkeit, aber durch die Figur der Lucie und natürlich auch ihr Auftreten im Alltag wirkt sie nicht nur umgänglich, sondern auch burschikos und selbstironisch und überhaupt nicht abgehoben oder arrogant. Im Gegenteil: Sie begrüßt jeden ihrer mittlerweile Hunderten von Facebook-Fans mit Vornamen, um ihn willkommen zu heißen. Sie lacht in ihrem Image-Clip für die geplanten Lucie-Marshall-Episoden mit sich selbst um die Wette und ist im Gespräch eine sehr gute Zuhörerin.

Im nächsten Jahr wird Tanya ein Buch veröffentlichen, in dem sie von den ersten zwei Jahren mit ihrem Sohnemann schreibt, die im Blog ausgespart wurden, weil dieser ja im Hier und Jetzt spielen soll. Schreiben, so sagt Tanya, ist ihre neue Leidenschaft. Die Leidenschaft, die das Interesse an der schnelllebigen Schauspiel- und Showbranche nicht abgelöst, aber etwas verdrängt hat, und mehr und mehr von ihrer Zeit einnimmt. »Ich mag meinen Beruf immer noch sehr, aber ich habe keine Lust mehr, meine Zeit an Sets von Filmen zu verschwenden, die ich mir nachher nicht anschauen mag«, sagt sie ganz direkt. Und deshalb, erzählt sie, drehe sie jetzt auch eine eigene Web-Serie, die das Leben der Lucie Marshall in zweiminütigen lustigen Episoden zeigt.

Also, fassen wir zusammen: Tanya schreibt jeden Tag und muss hin und wieder zu Drehs, manchmal sogar ins Ausland. Häufig sogar tagelang. Wie kriegt eine Mutter, pardon, ein gleichberechtigtes Elternpaar, das hin?

Tanyas Antwort ist simpel, und kurz zusammengefasst enthält sie die Schlagworte Großfamilie, Organisation wie in einem Bienenstock und auch mehr als ein paar Euro von ihrer Gage, die natürlich für den Babysitter draufgehen.

Im besten Fall muss Tanya für ein paar Tage wegfliegen und ihr Mann David ist zu Hause, bringt Noah zur Kita, kümmert sich um alles. Ist er ebenfalls nicht da, zieht Tanyas Bruder Florian meist für ein paar Tage komplett bei ihnen ein. Flankiert von einer Babysitterin, die Noah gut kennt und die dann einspringt, wenn Florian auch mal weg muss. Sie macht die Notfallbetreuung im Hause Neufeldt dann perfekt.

Sicher: Das Ganze erinnert mehr an eine Szene aus der Hollywood-Komödie *Working Mum* mit Sarah Jessica Parker, in der sie als privilegierte zweifache Mama und Beraterin versucht, alle Bälle oben zu behalten, aber tatsächlich spielt es in Deutschland, in Berlin. Genauso wie es auch in Köln, Essen oder Pinneberg spielen könnte. Organisation zwischen Kita, Feierabend und Familie ist nämlich oft keine Geldfrage, sondern mehr eine Frage von Netzwerken, wie mir das Internet schon oft bewiesen hat. Dort gibt es Börsen wie *Sitter-Team.de*, die man unter dem Suchwort »Gegenseitige Kinderbetreuung« findet. Auf diesen Seiten bieten Mütter Babysitting an, und im Idealfall verbringen die Kinder dieser Mütter dann einen Nachmittag oder Abend bei der anderen Mutter. Das ist in der Regel kostenlos, allerdings muss man sich hier ein bisschen durch die Foren googeln. Oder ganz klassisch: Auf dem Spielplatz nette Mütter kennenlernen und sich zusammenschließen!

Für Tanya jedenfalls könnte das Leben jetzt immer so weitergehen. Mehr Kinder will sie sicherlich, spricht sogar von Großfamilie. Und jetzt, wo Noah zum dritten Geburtstag einen Kinderrollkoffer geschenkt bekommen hat, ist Honolulu oder auch mal ein längerer Trip durch Deutschland ja auch nicht mehr ganz so unrealistisch …

Tipps, wie man den idealen Babysitter oder eine Notfallbetreuung findet

- Die Familie nutzen. Großeltern, Geschwister, den Partner: Blut ist dicker als Wasser, heißt es ja im Allgemeinen und das gilt natürlich auch für die Kinderbetreuung. Günstig ist es noch dazu – und sie springen immer (also eigentlich) auch im Notfall sofort ein.

- Einen Aushang im Kindercafé oder Nachbarschaftshaus machen. Hier sind die Babysitter mit den zu betreuenden Kindern unterwegs.

- Die Praktikanten aus dem Kindergarten anfragen. Die suchen häufig nach einer Nebenbeschäftigung, um sich etwas Taschengeld dazuzuverdienen. Das Gute daran ist, dass sie in der Ausbildung zum Erzieher sind und dadurch auch im Notfall wissen, was zu tun ist.

- Andere Mütter oder befreundete Familien fragen. Zwei Kinder derselben Altersgruppe sind oft entspannter als eins, das nur am Rockzipfel hängt. Ein »Kindertausch« mit Kindergartenfreunden oder unter Nachbarn funktioniert dadurch oft sehr gut. In einer Woche geht das eigene Kind zur anderen Familie, in der Folgewoche kommt das andere Kind dann zur eigenen Familie.

- Professionelle Babysitter nutzen. Mittlerweile gibt es schon einige professionelle Dienste. Zu finden sind diese sehr gut online, z. B. auf *kinderfee.de*, eine Onlineplattform, die Babysitter und Familien deutschlandweit zusammenbringt oder *Betreut.de*, einem Portal, auf dem man von der Haushaltshilfe bis zum Babysitter so ziemlich jeden findet, oder in Berlin der *babysitters Club* (http://thebabysittersclub.ning.com), hier vermittelt eine reizende US-Amerikanerin fremdsprachige Babysitter an Familien.

4. Mama versus Weltkonzern:
Christin erfindet das *Apfelkind*!

An meinem 25. Geburtstag wollte ich nur noch weg. So schnell mich der ICE fahren konnte. Raus aus der Kleinstadt Bonn, auf nach Hamburg oder Berlin, dahin, wo die großen Zeitungen der Republik gedruckt und deren Nachrichten gemacht werden. Ich arbeitete bis dato als Reporterin für eine Lokalzeitung und wollte dahin, wo es lauter, verschärfter und cooler war. Und dahin kam ich dann auch. Fünf Jahre später entdeckte ich aber ausgerechnet bei einem Besuch in Bonn etwas, das in mir den Wunsch weckte, doch viel häufiger zurückzukehren.

Zwischen den Jugendstilhäusern der Südstadt, in den hohen alten Alleebäumen, flatterten rote Fähnchen und es roch nach Frühling und nach Jugend. Nach einer vergangenen Zeit, in der ich mit meinen Freundinnen Jahr für Jahr im Poppelsdorfer Gemeindesaal in den Mai tanzte, während die Jungs heimlich Maibäume stellten.

Da stand ich also nun mit meinem Kinderwagen, nicht mehr Schülerin oder Studentin, sondern Mutter, und musterte das Schild an der Ecke zur Argelanderstraße. *Apfelkind* war darauf zu lesen – und als ich einen Blick in den dazugehörigen Laden riskierte, traute ich meinen Augen kaum. Das war ja ein Kindercafé, und zwar das schönste, das ich als verwöhnte Hauptstadt-Mutter je gesehen hatte. Das Konzept Kindercafé war mir ja durchaus bekannt. Alleine in den Stadtteilen Friedrichshain, Kreuzberg, Mitte und Pankow gibt es an die 30 Kindercafés, die Namen wie

Milchbart, Kinderwirtschaft, Zuckerschnute oder *Kreuzzwerg* tragen. Und ich sage euch, Ladys, ich habe sie alle durch. Cafés, wo Babylaccino serviert wird, die Mamas bitte die Schuhe ausziehen müssen und die Kinder rumtollen können, als hätten sie die Weltherrschaft übernommen. Nachmittagelang habe ich sie in meiner Elternzeit durchprobiert, gefühlt jeden Tag ein Neues. Ich habe mich durch Berge von Waffeln mit Puderzucker und Kompott gesnackt und so die Wartezeit überbrückt, bis mein kleiner Sohn gewillt war, von der Rutsche zu kommen oder den Riesenstoffbär loszulassen.

Kurzum: Ich war ein alter Hase im Kindercafé-Kunden-Geschäft, aber so etwas wie das *Apfelkind* hatte ich noch nicht gesehen. Denn anstatt wie sonst von Spielzeug erschlagen zu werden und sich manchmal zu fühlen wie in einer Szene aus *Chucky, die Mörderpuppe* oder *Puppet Master*, weil jemand all die alten Plüschtiere seiner Kinder aus dem hauseigenen Keller freigelassen und in sein neues Café entsendet hatte, herrschte im *Apfelkind* eine gemütliche Ordnung. Die Wände waren weiß gestrichen, das Schaukelpferd, die Kinderstühle und Tische waren in Rot wie das Logo gehalten und in der Mitte des Raumes stand ein großer Flechtkorb mit über 100 Stoffäpfeln und grauen Mäusen zum Spielen. So kannte ich das aus Berlin wirklich nicht: Ein Ort, der für Kinder geschaffen wurde, aber geschmackvoll und nicht überladen war. Fühlte sich gut an.

Schnell kam ich mit der Betreiberin des Ladens, Christin Römer, ins Gespräch. Ich erfuhr von ihrem Kampf um die Markenrechte für den Apfel im Logo mit dem amerikanischen Computerriesen *Apple*, über ihre Franchise-Pläne für mehr *Apfelkind*-Läden deutschlandweit, für die sie Mitstreiter sucht, und vor allem aber wollte ich ihre Geschichte en detail hören, eine Mutter, die mit einer kleinen Tochter und (fast) im Alleingang einfach mal seit zwei Jahren ein Café erfolgreich betreibt. Im Grunde hätten Christin und ich Freundinnen sein können. Sie hat ihr Abitur in Rheinbach, nur wenige Kilometer von meiner alten Schule entfernt, gemacht. Anschließend studierte sie ganz solide Biologie und Kunst auf Lehramt, absolvierte ihr Examen, hatte aber keine Lust auf das Beamtentum und sattelte deshalb recht schnell auf Innenarchitektur um. Gleichzeitig jobbte Christin als fertig studierte Pädagogin an einer Schule, gab Unterricht als Aushilfslehrerin und finanzierte so ihr zweites Studium. Ihren Freund und heutigen Mann Til hatte sie zwischenzeitlich während ihres ersten Studenten-Kellnerjobs in einem bekannten Bonner Café kennengelernt.

Til ist gelernter Tischler, arbeitete damals in seinem Beruf und studierte später Architektur in München und Düsseldorf. Für ihn zog Christin mit 27 Jahren, bereits schwanger mit Tochter Lily, kurz darauf nach Garmisch-Partenkirchen, wo das frisch verheiratete Paar ein unbeschwertes Leben genoss. Im Anschluss ging es für die junge Familie nach München.

Doch dann begann Christin das Rheinland, ihre alte Heimat, doch zu sehr zu vermissen. Ihre Schwester war zu dieser Zeit hochschwanger, und sie wollte ihr mit dem Baby helfen können und nicht ihrem Mann, mit dem sie heute seit elf Jahren zusammen ist, hinterherreisen, sagt sie. Und so ging es zurück nach Bonn, wo Christin auch bald anfing, konkret über ihr eigenes Kindercafé nachzudenken. Mit Lily waren sie in den ersten Jahren viel gereist, sogar bis nach Südamerika, und hatten einiges gesehen.

Daher wusste sie genau, was sie wollte. Ihr Laden sollte kinderfreundlich sein und kein Klebe-Café. Klebe-Café, so nennt Christin die Cafés, die lieblos geführt, deshalb dreckig und sinnlos vollgestopft sind. Ich mag die Wortschöpfung, weil jeder von uns solche Cafés und Bars kennt und meistens wohl auch meidet.

In der Bonner Südstadt, an der Argelanderstraße, fand die junge Mutter dann nach kurzer Zeit ihre Traum-Immobilie. Ein Eckladen im Parterre in einem alten Jugendstilhaus, das bereits länger leer stand, für das sich allerdings schon mehrere Geschäftsleute interessiert hatten. Doch der Vermieter, der aus einer Bauernfamilie stammte, und dem ein Gut mit 4000 Apfelbäumen gehörte, entschied sich für Christin, weil sie ihm versprach, Äpfel mit in ihr Konzept aufzunehmen.

Tja, so kann es auch mal laufen im Leben. Man ist vielleicht nicht der finanzstärkste Bewerber, aber hat auf der menschlichen Ebene einen Draht und bekommt dann trotzdem den Zuschlag. Für die neue Geschäftsfrau stand jetzt jedenfalls jede Menge Renovierung und Arbeit an. Schlicht und trotzdem gemütlich sollte ihr *Apfelkind* werden. Denn warum sollte man Kindern nicht auch schon einen geschmackvollen Wohn- und Lebensstil mitgeben? Sie konnte die Bärchen-Looks und rosa Kitschkleidchen selber nicht mehr sehen. »Heute hat sich das geändert, aber vor zehn oder auch fünf Jahren gab es einfach keine schöne Kindermode«, sagt sie.

Ja, mittlerweile gibt es in Berlin, Hamburg und eigentlich in jeder mittelgroßen Stadt einen skandinavischen oder französischen Klamottenladen für Kinder. Und auch die deutschen Marken haben mit schlichten, schönen, zumindest nicht zu grellen oder mit Motiven überladenen Anziehsachen nachgelegt.

Der Ort inspirierte Christin dazu, etwas mit Äpfeln und Kindern zu machen und der Name *Apfelkind* war geboren. Aus dem frischgeborenen Namen entwickelte Christin zusammen mit einem Grafikbüro in Bonn das Logo, das sie auch gleich als Marke anmelden ließ. Einen roten Apfel mit einem Kindergesicht darin.

Die Markenanmeldung war deshalb so wichtig für sie, weil sie auch von Anbeginn an vorhatte, Kinderprodukte und Mode unter dem Logo zu produzieren. Auch hat sie sich überlegt, das *Apfelkind* in mehreren Städten zu eröffnen, damit sich ihr Konzept auch rentiert. Das Stichwort dabei ist natürlich »Franchise«: Wenn ein Laden einmal Profit macht und er unter einem Markennamen, einem sogenannten Brand läuft, hat man die Möglichkeit, weitere Läden zu eröffnen und vielleicht irgendwann einmal den Namen und das Konzept weiterzuverkaufen. Ähnlich wie bei den großen bekannten Restaurants. Aber was bei den Großen funktioniert, lässt sich eben auch im Kleinen stemmen und mit Glück zu Geld machen.

Christin ist keine BWLerin und will es auch gar nicht sein. Aber für das *Apfelkind* und ihre zukünftigen Läden hat sie ein komplett durchdachtes Geschäftsmodell entwickelt und sie dem Green Franchise verschrieben – sprich Cafés, die Obst und Gemüse aus der jeweiligen Region anbieten und für ihre Produkte nur faire Arbeitsbedingungen akzeptieren. Dazu kommt noch ein Kinderhilfsprojekt, in das zehn Prozent aller Einnahmen fließen. Christin ist halt cool.

Sie sagt weder bei mir noch bei ihren anderen Kundinnen etwas, wenn ich für Maxime Trauben aus der Tasche hole oder die andere Mutter für ihre Tochter einen Keks. Aus einigen Berliner Kinder-Cafés kenne ich die großen Schilder an der Kaffeemaschine, die darauf hinweisen, dass der Verzehr von mitgebrachten Speisen und Getränken für Kinder verboten sei, worauf die Kellner dann auch immer ein Auge haben.

Wenn andere Cafés eine Spielgebühr von ein paar Euro erheben, um den Tagesumsatz stabil zu halten, kann ich das sehr gut nachvollziehen, wie sonst sollen all die Kindercafés in meinem Kiez überleben, wenn die Mütter – auch ich mache das manchmal – in zwei Stunden nur ein Getränk trinken.

Nichtsdestotrotz läuft es im *Apfelkind* anders. Die Chefin besteht allerdings auf ihrem Konzept, dass das Café kein Ort sein soll, an dem man seine Kinder abgibt, sondern an dem man sich mit ihnen jenseits von Haushalt oder Jobstress einmal in Ruhe beschäftigt. Und deshalb gibt es auch kein WLAN, dafür aber Zeitschriften und viele Tische für Erwachsene und Kinder auf Augenhöhe der Kleinen.

Maxime und mir gefällt es im *Apfelkind* ziemlich gut. Er konnte toben, Dutzende Stoffmäuse und Äpfel durch die Luft werfen, und ich konnte Kaffeetrinken und hatte ihn dabei über die drei Räume hinweg, die durch hohe offene Türen miteinander verbunden sind, immer im Auge.

Ob ihr Konzept aufginge, wollte ich noch von Christin wissen. Sie nickt. Erzählt mir, dass ja viele Kindercafés nach einem Jahr meistens wieder zumachen, weil sich das Geschäft leider doch nicht lohnt, dass sie das *Apfelkind* in diesem Wissen von vorne herein nicht nur als Café, sondern auch als Label für Kinderprodukte konzipiert habe, und dass sie unter der Woche mittlerweile studentische Aushilfen beschäftigt. So oder eben wie in den meisten Kindercafés hätte es für die quasi alleinerziehende Mutter, deren Liebster ja zu der Zeit studienbedingt in Süddeutschland weilte, immer weitergehen können, wäre da nicht sechs Monate nach der Eröffnung ihres Ladens ein Brief eingetroffen, der ihr Geschäft und auch ihr Leben für immer verändert hat.

Im September 2011 erhielt Christin Römer einen Brief von einem Patentanwalt des Weltkonzerns *Apple*. Darin drohte man ihr in Juristendeutsch mit einer Klage aufgrund ihres Apfel-Logos und der Verwechslungsgefahr ihres Markenzeichens mit dem des berühmten IT-Herstellers. Die gerade frischgebackene Unternehmerin konnte sich keinen Reim auf das Schreiben machen.

War der Brief überhaupt echt? Ernst gemeint? Wollte sie da jemand im wahrsten Sinne des Wortes veräppeln?

Doch da war es eigentlich schon zu spät. Die Sache nahm sofort Fahrt auf und eine Zeit begann, von der sich Christin erst heute langsam erholt. Ein wahrer Medien-Tsunami. Fast jeden Tag besuchten Kamerateams, Zeitungen und Radiosender aus der ganzen Republik und dem Ausland das Café der jungen Mutter. Sie gab täglich Interviews und beantwortete E-Mails von Unterstützern, die ihr Mut zum Durchhalten machten. Als der erste Schock verflogen war und sie realisiert hatte, dass *Apple* es mit seiner juristischen Drohung ernst meinte, stand für Christin nämlich eine Sache sofort fest: Ich lasse mich von denen nicht kleinkriegen. Doch der Kampf hatte natürlich auch seinen Preis. Schlimm war es oftmals.

Zum Beispiel, wenn sie abends nach der Arbeit in ihrem Wohnzimmer, als Lily im Bett, war noch *Apfelkind*-Tassen verpackte, die Menschen aus aller Welt in ihrem kleinen Onlineshop bestellt hatten, und glaubte, sie würde durchdrehen. Wenn sie daran dachte, dass am nächsten Tag wieder viel mehr Gäste kommen würden als das Café überhaupt fassen konnte, weil alle plötzlich das berühmte *Apfelkind* sehen wollten und neugierig auf sie waren. Oder wenn sie nachts noch im Bett darüber nachdachte, was passieren würde, wenn *Apple* es schaffen würde, ihr den Apfel, ja, ihren Apfel wegzunehmen. Das alles warf die Unternehmerin eine längere Zeit aus der Bahn. Erste Gespräche, eine *Apfelkind*-Schorle mit einem Getränkehersteller in den Handel zu bringen, wurden geführt, aber woher hätte sie die Zeit dafür noch nehmen sollen? Außerdem fehlten ihr die ruhigen Abende mit ihrer Familie.

Und erst heute kann sie tatsächlich wieder sehr entspannt über den Medienrummel und den Rechtsstreit sprechen. Vor kurzem hat sie den Anwalt gewechselt, zu einem Professor für Markenrecht – ein kluger Schachzug.

Eine Abgrenzungsvereinbarung, sprich eine Einigung stehe bevor, was für Christin kein Geld, aber endlich wieder Ruhe und normalen Alltag in ihrem Laden bedeutet. Andererseits hatten die Berichterstattung in der Presse und der Rummel um das *Apfelkind* sicherlich auch seine guten Seiten. Längst denkt die Inhaberin wieder weiter, sucht mitstreitende Mütter, um *Apfelkind*-Läden zum Beispiel in Hamburg oder München aufzuziehen. Bekannt genug dafür ist der kleine Laden dank der vielen unfreiwilligen PR ja jetzt. Klugerweise hatte Christin die Marke gleich von Anfang an europaweit beim Markenamt angemeldet ...

Die nächsten Monate, weiß Christin, werden jedenfalls wieder ruhiger. Ohne viel Papierkrieg oder ausgedehnten Arbeitstagen. Sie erwartet ihr zweites Kind und ihr Mann lebt mittlerweile bei Frau und Kind in Bonn – die Familie hat sich an einem Ort wieder. Ein hübsches Happy End, fast filmreif, könnte man denken.

Und Christin träumt natürlich weiter. Von einem Modelabel und davon, noch mehr *Apfelkind*-Produkte zu erfinden oder das Konzept nach Amerika zu bringen, – genügend Anfragen gibt es. Und, und, und ... Wo auch immer sie sich hinträumt, und wohin auch immer die Reise in Zukunft geht, war es für mich ein tolles Erlebnis, an diesem Frühlingsvormittag in Bonn einfach ins *Apfelkind* hineinspazieren zu können und die Chefin gleich anzutreffen. In T-Shirt und Turnschuhen an der Kaffeemaschine. Ganz easy, denn Christin ist einfach jemand, der das, was er auf die Beine stellt und alles was er tut, echt gerne macht.

Checkliste mit Dingen, die man braucht, um ein Café zu eröffnen

- Startkapital: Christin hatte das Glück, etwas Geld gespart zu haben, und konnte sich somit das erste Jahr finanzieren, ohne von Anfang an kostendeckend wirtschaften zu müssen. Da mit dem Startkapital jedoch alles steht und fällt, ist das für jeden neuen Gastronom der wichtigste Punkt, der anfangs zu klären ist. Das Vorurteil »Eine Kneipe aufmachen kann doch jeder«, am besten noch ohne Vorkenntnisse oder Sicherheiten, die gar nicht von Nöten seien, stimmt nämlich nicht und kann böse ins Auge gehen. Sprich: Ein Businessplan muss her und die Finanzierung muss gesichert sein (siehe auch Tipps in den Kapiteln 8 und 10). Wer, wie die meisten Menschen, alleine nicht genug Startkapital aufbringen kann, sollte sich zu einem Verein zusammenschließen, ein Kollektiv von mehreren Betreibern gründen oder sich Partner suchen.
Eine Alternative zu diesem Weg ist, einen Brauereivertrag abzuschließen und sich so Startkapital gegen eine monatliche oder jährliche Abnahmemenge an bestimmten Getränken zu »leihen« oder eben ein Franchisenehmer zu werden und einen Bäckerei-, Burger- oder Fastfood-Laden aufzuziehen. Das unternehmerische Risiko ist dabei natürlich immer, dass sich der Betreiber dauerhaft in Abhängigkeiten begibt.

- Sind die Finanzierung und das Konzept klar, geht es um die Suche nach den perfekten Räumlichkeiten. Hier ist auch die

Höhe des Startkapitals entscheidend für die Frage, ob man einen bereits bestehenden Laden renoviert, oder ob man ihn vielleicht sogar direkt gegen eine Abstandszahlung übernehmen kann bzw. ob man den Tresen und den Gastbereich mit Tischen, Stühlen und Inventar selbst baut. Wer Letzteres plant, hat viel Arbeit, aber auch viel Abenteuer vor sich.

- Angehende Gastronomen sollten den Papierkram und den Kampf mit der deutschen Bürokratie nicht unterschätzen. Denn plötzlich interessieren sich sehr viele Behörden für das schöne neue Lokal. Das Gesundheitsamt checkt, ob alle Hygienerichtlinien in der Küche und beim Essen erfüllt sind. Das Ordnungsamt klopft an, wenn zum Beispiel die Bestuhlung draußen einen Meter zu weit auf dem Gehweg steht. Arbeitsamt und Finanzamt interessieren sich für die Löhne und Anstellungsverträge der Mitarbeiter und Aushilfen. Klar, das alles soll nicht den Spaß an der Unternehmensgründung verderben. Sich vorher jedoch bewusst zu machen, dass auch viel Schriftverkehr ansteht, kann dennoch nicht schaden.

- Habe ich Lust, die nächsten Jahre vielleicht nicht wie gewohnt in Urlaub fahren zu können, weil ich es scheue, meinen Laden alleine zu lassen? Bin ich mir darüber bewusst, dass, wenn eine Aushilfe mal absagt, ich vielleicht selbst im Laden hinter dem Tresen stehen muss? Ist mir klar, dass ich als Chefin jeden Tag gegenüber meinen Gästen (zumindest in der Theorie) gutgelaunt auftreten muss? Das sind die Fragen, die sich ein angehender Gastronom stellen sollte.

- Und zuletzt sollte die Frage geklärt sein, wer einen vertritt, wenn man – aus welchen Gründen auch immer – mal ausfällt? Muss ich den Tag über sogar schließen? Wie lange könnte ich mir eine solche Krankheitszeit finanziell erlauben? Alles natürlich unspaßige Fragen, die aber wichtige Vorüberlegungen sind, damit es dann viel Spaß, ja sogar sehr viel Spaß macht.

Fazit: »Wer nichts wird, wird Wirt« war gestern und hat eigentlich noch nie gestimmt – das Beispiel *Apfelkind* zeigt uns das genaue Gegenteil im Hier und Jetzt!

5. Stillen, stöbern und durchstarten. Oder: Warum Mütter die besseren Manager sind

Isa: »Hast du schon Leila …?«

Caro: »Ja, längst. Der PR-Agentur hast du …?«

Isa: »… eine Mail geschrieben.«

Caro: »Du musst noch …«

Isa: »… den Experten da anfragen. Habe ich auf dem Schirm.«

Caro: »Hmm, noch was?«

Isa: »Nö. Mir fällt nichts ein.«

Caro: »Ja, super, dann läuft ja alles.«

»Was macht ihr da?«, fragte mein Mann verblüfft. Wir saßen im *Sankt Oberholz* in Berlin-Mitte, einem Café, in dem täglich Tausende Heißschaumgetränke über die Theke gehen. Bestellt von Hunderten, nennen wir sie mal Hipstern, die ihre Macbooks auf den urigen Holztischen des Cafés heißlaufen lassen. Pausti und ich waren zuvor mittagessen und hatten Isa, die dort ihren kinderfreien Tag zum Arbeiten nutzte, durch Zufall getroffen. Isa und ich hatten sofort die Gelegenheit ergriffen, unsere To-do-Liste durchzugehen und sie um ein paar Punkte zu verkürzen.

»Wir machen das, wofür du jeden Morgen eine dreißigminütige Konferenz mit dem gesamten Team einberufst«, antwortete ich spöttisch. »Und zwar in zwei Minuten.« Pausti lächelte in sich hinein.

»Wir sind Mütter. Wir haben keine Zeit, von Meeting A nach Abfuck B zu rennen. Wir müssen effizient sein, weil wir Babys haben. Wir haben keine Zeit für Raucherpausen, Chats mit den Kollegen oder sinnlose Diskussionen.«

Pausti grinste immer noch und schüttelte den Kopf.

Eigentlich hatte ich meinen Mann nur ein bisschen ärgern wollen. Aber den ganzen Tag ging mir der Gedanke nicht mehr aus dem Kopf: Mamas sind Managertypen. Und zwar die besten. Bei der Bewältigung ihres Alltags stellen arbeitende Mütter eine unglaubliche Organisationskompetenz und Zeitökonomie unter Beweis.

Und das alles hat einen ganz einfachen Grund: Je weniger Zeit man hat, desto mehr schafft man.

Nehmen wir zum Beispiel meine Redaktion. Ich sage hier bewusst zum Beispiel, weil die Redaktion ein gutes branchenübergreifendes Exempel ist für Großraumbüros, große Firmen oder Team-Arbeit aller Art. Bevor ich Baby Maximes Mama wurde, arbeitete ich, wie gesagt, bei einer großen Berliner Zeitung. Ich bin dort seit drei Jahren angestellt und kannte die Produktionsabläufe im Schlaf. Was aber nicht heißt, dass sie sich für mich erschlossen hätten. Im Gegenteil. Sie machten mich matt, demotiviert und dünnhäutig – kurzum, sie zermürbten mich.

Mein Wochenprotokoll als Redakteurin der größten Zeitung Berlins, die sich allerdings in ihrem Zeitmanagement in KEINER WEISE von anderen großen Redaktionen (in denen ich gearbeitet habe) unterscheidet: Ich stehe fünf Tage die Woche um sieben Uhr auf. Duschen, anziehen, Sachen packen, schnell in die S-Bahn, Frühstück unterwegs. Ich komme in der Redaktion an, schnappe mir fünf Tageszeitungen und beginne zu lesen. Als Tageszeitungsredakteurin ist es natürlich das A und O, morgens zu wissen, was die Konkurrenz geschrieben hat. Habe ich meine Story als einzige Zeitung exklusiv? Wie haben die anderen Blätter Thema XY aufgegriffen? Bei welchen Themen haben wir vielleicht sogar gepennt? Kurz drüber nachdenken, dann Kaffee Nummer zwei oder wahlweise zum Chef-Gerufen-Werden (nie gut), weil man irgendwas (meistens weiß man es schon) gründlich verbockt hat oder eine Extra-Aufgabe droht. Aber das ist glücklicherweise die Ausnahme. Um halb zehn geht die kleine Ressortkonferenz los. Warten bis man dran ist, seine Themen vorzuschlagen, dann schnell, schnell in die große Konferenz, an der alle Ressorts und die Chefredakteure teilnehmen. Es herrscht meistens Superstimmung. Einige Kollegen diskutieren, reißen Witze, alle lachen mit. Mittlerweile ist es dann halb elf, manchmal auch elf. Ich will mein Thema besprechen, aber keiner ist da. Einige haben Anschlusstermine, Meetings, der Rest verkrümelt sich meistens in die Raucherecke. Also ist warten bis halb zwölf angesagt, und man vertreibt sich die Zeit mit Facebook und vielleicht noch mal damit, die *Süddeutsche* intensiv zu lesen. Dann ist es meist schon Viertel vor 12, und ich bekomme endlich einen der Chefs zu greifen. Kurze Absprache. Und dann ist wieder keiner da, weil ja schon Mittagspause ist.

Nicht, dass mich jemand falsch versteht: Meine Kollegen und Chefs sind große Klasse, schnell im Denken und geniale Zeitungsmacher, die dann, wenn der Produktionsstress um 17 Uhr am größten wird und die erste Ausgabe heraus muss, unter Druck erst richtig aufblühen.

Meinetwegen. Aber offen gestanden: Diese Art zu arbeiten, in diesen zerfaserten Abläufen, hat mich über die Jahre krank und träge gemacht. Ich ticke da einfach ganz anders.

Ich fand es immer toll, während meines Studiums oder beim Schreiben meines ersten Buches, morgens zu duschen, dann meine Schlafanzughose wieder anzuziehen und mich mit einer Schüssel Müsli vor den Rechner oder die Bücher zu setzen. So wurde ich nicht fremdbestimmt vom öffentlichen Nahverkehr, musste mich nicht schick machen, sondern konnte gleich ganz unverbraucht eintauchen.

Auch an die achtstündigen Lern-Sessions in der kühlen Bibliothek im Hochsommer, als ich vor drei Jahren meine letzte schwierige Prüfung in Klassischem Chinesisch vorbereitete und von der Angst gepeitscht war, nicht zu bestehen, denke ich komischerweise heute gerne zurück. Es gab nur mich (aufgeputscht durch jede Menge Eiskaffees mit Doppelt-Sahne) und diese fast 3000 Jahre alten Texte von Konfuzius und Laozi. Ein fairer Zweikampf. Entweder ich müsste mich geschlagen geben oder ich würde sie beherrschen. Ich arbeitete gegen die Zeit. Die Zeit bis zur Prüfung. Und das war gut, denn ich hatte eine Richtung und ich musste schnell sein. Kein Facebook, keine Mails, kein Chat mit den Freundinnen.

Und plötzlich, als ich mit dem bald zwei Monate alten Maxime zu Hause auf der Couch saß, war ich wieder in derselben Situation. Völlige Stille, es warteten noch sieben Kapitel meines ersten Buches auf mich, die ich zu Ende schreiben, und natürlich der ganzen Uni-Kram, den ich durcharbeiten musste.

Das Internet funktionierte noch nicht, da wir gerade umgezogen waren und den falschen Anbieter hatten. Ich rannte gegen die Zeit, diesmal nicht bis zum Prüfungstermin, sondern bis zum nächsten Aufwach-Wuäääh vom

Couch-Kissen direkt neben mir. Ich hatte mir alles perfekt zurechtgebaut. Die Couch, fünf große Kissen, mein Stillkissen mit Maxime drauf, das mich umringte wie eine Riesenboa. Und natürlich Laptop, Ladegerät, Handy, Taschentücher, Wasser, Kräcker, 80 Seiten Uni-Unterlagen – alle in greifbarer Nähe auf den Lehnen angeordnet. Irgendwann, meistens so gegen zehn Uhr, bekam Maxime Durst, also stillte ich ihn, dabei schlief er meistens ein, und während der kleine Herr seinen zweistündigen Vormittagsschlaf einlegte, powerte ich durch. Je nach Laune schrieb ich an meinen Uni-Essays oder an den letzten Kapiteln meines ersten Buches.

Ich kam mir vor wie Superwoman. Dieses Gefühl, meinem süßen Sohn gerecht zu werden, der friedlich an Mamas Speckbauch schlummerte, und trotzdem mit einem Fuß in der Arbeitswelt zu stehen und etwas zu schaffen, löste in mir mehr Glücksgefühle aus als jedes Still-Hormon der Welt. Das beste an dieser Methode war: Ich kam voran. Und zwar so schnell, dass ich bald von einem persönlichen Rekord sprechen konnte. Vor allem störte mich niemand. Keine Sekretärin, die anrief, weil der Chef mich jetzt sofort sprechen muss. Keine Konferenz, keine Diskussionen mit Kollegen über was jetzt wie am besten gemacht wird. Das spart Zeit und Nerven. Abends fühlte ich mich nicht einmal völlig erledigt, sondern einfach nur müde. Babymüde, aber glücklich.

»Ich will nicht, dass du immer nur zu Hause vor dich hin arbeitest. Du gehst hier noch ein. Als Heimchen am Rechner«, nörgelte Pausti oft. Aber er hatte völlig unrecht, ich vereinsamte keineswegs. Zweimal pro Woche ging ich mit Maxime im Wickeltuch zur Bibliothek, donnerstags zum Baby-Yoga, und dann hatte ich ja auch noch die Treffen mit meinen Co-Autorinnen Lisa und Isa oder mit meiner Lektorin. Dann die Mails an meine Seminarleiter und Skypen mit meinen Kumpels in Amerika. Und schließlich waren da ja auch noch meine ganzen Mama-Freundinnen: Anna, Celestine, Katja, Rena, Sophie, Julika und Leila. Die sah ich oft nachmittags zum Spielen mit den Babys. Ich würde also, gegen die Erwartungen meines Gatten, nicht zu einem vereinsamten Digital-Nerd werden, der zu Hause den Freuden des Baby-Multitaskings frönt.

Die Couch war mein Schreibtisch geworden, meine Oase der Ruhe zum kreativen Arbeiten, auf der ich wie ein junger Gandhi im Schneidersitz und nicht ganz gandhimäßig mit meinem Laptop im Schoß sitzen und konzentriert, Sachen abarbeiten konnte. Eigentlich war ich wie eine Selbständige, nur mit einem besseren Motivationsantriebsmotor: meinem Baby.

Ich fand das logisch. Denn Neugeborene können einem zwar den letzten Nerv rauben – und das tun sie ganz gewiss! –, aber zugleich versetzen sie einen in einen absoluten Ausnahmezustand und treiben einen so zu Höchstleistungen. Es ist immer wieder erstaunlich, wozu man nach wochenlangem Schlafentzug dann doch noch in der Lage ist. Und dazu kam noch ein weiterer sehr wichtiger Aspekt: Ich wollte, dass mein Baby stolz auf seine Mama sein kann.

Ich war Zen. Und deshalb superproduktiv. Aber natürlich hatte ich auch Zweifel, ob ich dieses geniale Gefühl auch auf Dauer halten könnte. Ich sehnte mich danach, immer so arbeiten zu können. Und traute mir das auch durchaus zu. Doch wie konnte ich eine Möglichkeit finden, durch Arbeiten von zu Hause genauso viel Geld zu verdienen wie vorher?

Die Idee elektrisierte mich. Und ich wünschte mir, dass noch mehr Mamas wie ich denken würden. Oder taten sie es etwa schon? Irgendwo da draußen? Könnte man sich dann da nicht zusammentun? Ich wollte sie kennenlernen, wenn es sie gab.

Es ist doch so, dass sich laut Studien viele Arbeitgeber in Deutschland schwertun, Frauen mit kleinen Kindern Vollzeit oder auch Teilzeit einzustellen. Aber haben wir Mamas das überhaupt nötig?

Die Zahlen des Statistischen Bundesamtes sprechen da eine ganz klare Sprache. 5,6 Millionen Frauen in Deutschland zwischen 25 und 59 Jahren gehen keiner Berufstätigkeit nach – und das sind mitnichten nur Hartz-IV-Empfängerinnen. 578 000 dieser Frauen haben einen Hochschulabschluss, rund drei Millionen eine Lehre oder Berufsausbildung absolviert. Als Grund für ihre berufliche Lage gelten bei den meisten dieser 5,6 Millionen Frauen die Kinder – die damit zusammenhängende Unflexibilität der Unternehmen, die fehlenden Ganztagsbetreuungsplätze für Babys und Kleinkinder und, und, und …

Nicht einmal überspitzt könnte man sagen, dass der Berufswiedereinstieg den deutschen Frauen nicht gerade schmackhaft gemacht wird. Immer häufiger liest man in Zeitungen und im Netz von Aufhebungsverträgen nach der Elternzeit. Zuverlässige Zahlen, wie viele Abfindungen jährlich an junge Mütter gezahlt werden, gibt es allerdings nicht, obwohl in Mütter-Foren zu diesem Thema viel diskutiert wird.

Ute Frevert, eine der führenden deutschen Gender-Historikerinnen deutschlandweit am Max-Planck-Institut, lehnt sich zum Thema berufstätige Mütter sogar noch weiter aus dem Fenster: »Wir haben versucht, uns von der Nazi-Zeit in jedem Punkt zu distanzieren, außer in diesem.« Demnach sollen die alten Klischees von der Hausfrau und Mutter und dem arbeitenden Ehemann und Vater durch die fünfziger Jahre hinweg immer noch greifen – und sei es nur in den Köpfen. Doch gerade bei dieser Debatte um den klassischen Arbeitsmarkt und die Mütter in diesem, frage ich mich ernsthaft: Haben wir es nicht besser, wenn uns nicht immer ein Boss, Kollege oder vermeintlicher Berater in unsere Geschäfte oder Tagesplanung reinquatscht? Meine Motivation war hochgepeitscht bis zum Größenwahn.

Doch auch als ich Tage später noch einmal etwas bescheidener darüber nachdachte, waren ein paar Erkenntnisse über Mamas und ihre besonderen Qualitäten als Manager, Chefs und Gründer nicht von der Hand zu weisen:

- **Mütter sind diszipliniert.** Weil sie es sein müssen. Selbst die größte Chaotin (wie ich) wird als Mutter über Nacht organisiert. Weil es keinen Spaß macht, seine Wickeltasche schlecht zu packen und dann ein brüllendes Baby mit nasser Windel herumschleppen zu müssen. Weil es nervt, geschlagene zwei Stunden den Impfpass zu suchen und deswegen verspätet mit hochrotem Kopf und verschwitzt, den MaxiCosi im Schlepptau, beim Kinderarzt in der Praxis zu erscheinen. Und nicht zuletzt, weil es eine junge Mutter gehörig reizt und irgendwann panisch macht, wenn die Milchflasche oder der Schnuller wie vom Erdboden verschluckt sind und dem eigenen Säugling kleine Babytränchen über die Wangen laufen.

- **Mütter sind frustresistent.** Diplom-Chemiker sind bei Einstellungsgesprächen in der freien Wirtschaft sehr beliebt, weil sie so frustrationstolerant sind, erklärte mir mein dauerbekiffter Mitbewohner während des Studiums. Warum? Weil sie Experimente häufig mehrmals wiederholen müssen, bis sie so funktionieren wie gewünscht … Wenn Diplom-Chemiker schon frustrationstolerant sind, was ist dann erst mit Müttern? Denn wann verläuft ein Tag mit Kind denn schon mal so, wie er soll? Nie bis nie in der gesamten Menschheitsgeschichte. Du planst perfekt deinen Tag, aber da ist da noch die große Unbekannte beziehungsweise der kleine Fehlerquotient. Und der ist wahlweise hungrig, durstig, schlecht gelaunt, fiebrig oder einfach nur verhaltensauffällig. Meine persönliche Lieblingssituation war, als ich Maxime später einmal mit anderthalb Jahren auf ein Event am Nachmittag in einer schicken Galerie mitnahm und er sich vor den Augen aller Gäste auf den Boden warf und 20 Minuten lang schrie wie am Spieß, weil ich ihn zum x-ten Mal davon abgehalten hatte, in das Hinterzimmer mit den Putzmitteln zu laufen. P-E-I-N-L-I-C-H. Also nicht für ihn, sondern für mich, die alle Blicke der Umstehenden aushalten musste, deren Babys natürlich alle gerade Keks kauten oder lächelten.

- **Frauen mit Kindern übernehmen Verantwortung.** Weil sie es ja ohnehin jeden Tag tun. Und da geht es um Menschenleben. Ich will gar nicht darüber spekulieren, wie oft ich Maxime sein kleines Leben gerettet habe, wenn ich ihn mal wieder von der (nicht gesicherten) Steckdose weggezogen habe, die er gerade versucht hatte, anzulecken. Oder wie oft ich ihn gezwungen habe, das riesige Stück Apfel wieder auszuspucken, beziehungsweise ich es aus seinem Mund Stück gepult habe, während das kleine Monster die Gelegenheit nutzte, um mich zu beißen. Kurzum: Mütter tragen Verantwortung, erscheinen pünktlich, vermasseln keine Aufträge oder Meetings und retten im Notfall sogar Menschenleben. Gehört schließlich zu ihrem Tagesgeschäft.

- **Mamas sind kreative und pragmatische Problemlöser.** Was vielen Mitarbeitern im Berufsleben fehlt, ist die Freude an unkonventionellen Lösungen oder Erfindergeist. Sie sind festgefahren und wie ich, als ich noch kinderlos war, oft etwas betriebsblind.

Nach Maximes Geburt änderte sich das schnell. Seitdem weiß ich, dass ein Halstuch auch sehr gut bei einer tropfenden Babynase hilft, eine Banane vom Kiosk um die Ecke ein Mittagessen sein kann, eine Damenbinde ein Windelersatz, ein Lipgloss ein Spielzeug, eine Wasserpistole ein Nasenspray für den Notfall, und dass man in der Uni auch mit einem Wachsmalstift mitschreiben kann.

Außerdem lässt mich Maximes Art, die Welt zu erforschen, viele Dinge neu überdenken. Zum Beispiel frage ich mich nun häufiger, ob sie logisch sind oder nicht. Warum hetzen wir uns jeden Tag ab und gehen arbeiten oder zur Kita, obwohl wir woanders mit weniger Aufwand mehr Zeit füreinander hätten? Was hat die ganze

Welt eigentlich mit Puzzeln und warum musste ich immer Kaufladen spielen? Und in meinem Fall: Wird mein Sohn, der mit einem Jahr mein iPad bedienen konnte, jemals ein echtes Buch oder eine Papierzeitung als Medium ernst nehmen? Diese Art, mit seiner Denkweise das Pferd von hinten aufzuzäumen oder die Welt aus anderen Blickwinkeln zu sehen, lüftet einfach den Kopf und bringt einen auf neue Ideen. Und vielleicht sogar auf mehrere als eine Manager-Tagung, ein Betriebsausflug oder ein Coaching jemals hätten bringen können. Ist so.

- **Mamas überarbeiten sich nicht und kennen keinen Größenwahn.** Warum? Weil Babys das beste Anti-Burn-Out-Mittel der Welt sind. Sie machen Überstunden schwierig bis unmöglich, geben den Takt vor und holen einen unerbittlich zurück auf den Boden der Tatsachen. Nach einem Interview, das ich einmal fürs Fernsehen gegeben habe, wäre ich beinah kurz größenwahnsinnig geworden und wähnte mich schon als zukünftiger Promi auf der »Wetten, dass …?«-Couch, wäre da nicht der kleine Herr Maxime gewesen. An diesem Tag schmeckten ihm ganz plötzlich seine sonst so geliebten Brokkoli-Nudeln nicht. Er weigerte sich, in seinen Buggy zu steigen, machte sich steif wie ein Brett und schrie. Dann kniff er mich beim Toben so fest in die Wange, dass ich blutete. Am Abend war ich fix und fertig, während er zufrieden schlief, als hätte er geahnt, dass Mama heute mal einen kleinen Downer hatte gebrauchen können.

6. Where's the Daddy? Oder:
Vom Kampf mit Papa, um einen Kita-Platz
und andere Formen der Bestechung

Es war der heißeste Tag des Jahres, als Maxime beschloss, das erste Mal Fieber zu bekommen. Erst merkte ich dank der Außentemperaturen gar nichts. Doch als er immer quengeliger wurde und nur noch auf meinem Arm sein wollte, holte ich doch mal das Fieberthermometer 'raus und brachte ihn zum Kinderarzt. Maximes Pech und mein Glück! Denn da traf ich Theresa.

Das Wartezimmer beim Kinderarzt ist ja eine ziemlich asexuelle Veranstaltung. In der Spielecke sitzen Mamis und Papis, denen die durchwachte Nacht ins Gesicht geschrieben steht, und die sich und ihrem Kind mit letzter Kraft noch etwas ohne Flecken angezogen haben.

Spätestens im Wartezimmer ist es dann aber bei den meisten vorbei mit der Haltung. Der Sekundenschlaf übernimmt die Kontrolle, während die Juniors zu ihren Füßen beim Kampf um den gelben Riesen-Plastikbagger munter Keime tauschen.

In dieser Umgebung, in der wir alle wie White Trash aussahen, wirkte Theresa wie falsch besetzt: Sie saß kerzengerade mit enggebundenem Zopf auf der Korbcouch, ihre rotlackierten Fingernägel umfassten ihre drei Monate alte Tochter Coco, die sie lachend auf ihrem Schoß hoch und runter hüpfen ließ.

Zugegeben, ich ergebe mich den Klischees, aber Theresa wirkte in diesem Moment auf mich mehr wie eine coole

Schönheit aus einer Berlin-Mitte-Bar, die ihr Date warten lässt, als eine Mutter dienstagmorgens beim Kinderarzt.

Wir saßen uns gegenüber, und ich lächelte sie an. Ein bisschen so, wie man es in der Grundschule gemacht hat, wenn ein neues Mädchen in die Klasse kam, mit dem man unbedingt Freundschaft schließen wollte. Und tatsächlich wechselten wir zu meiner Freude ein paar Sätze.

Ich erfuhr relativ schnell, dass Theresa Coco alleine großzieht und dass sie in der Filmbranche arbeitete. Sie drehte Werbefilme für große Markenschuhhersteller, Banken, Modelabels oder Dokumentarfilme für öffentlich-rechtliche Sender. Ich war total beeindruckt. Theresa schlägt sich alleine mit Baby durchs Leben, und ich jammere schon, wenn mein Mann eine Stunde später nach Hause kommt oder wenn Maxime, wie an diesem Tag, plötzlich fiebert und wir bei 32 Grad den ganzen Tag im Bett liegen müssen. Nicht so Theresa. Theresa jammert nicht. Nie! Das weiß ich, weil wir mittlerweile tatsächlich Freundinnen und, wie sich rausstellte, sogar Nachbarinnen sind!

Sie ist einfach daran gewöhnt, sich alleine durchzuschlagen. Mit 21 Jahren schloss sie die Filmhochschule in Boston ab. Sie gehörte zu den Austauschstudenten, die nach einem Jahr in den USA nicht nach Hause zurückkehren wollten und einfach dort geblieben sind. Die einzige Bedingung, die ihr ihre Mutter stellte: Sie musste schnell studieren, es ernst meinen und ihre Kosten so gering wie möglich halten. So kam es, dass Theresa schon mit 22 Jahren einen Abschluss in der Tasche hatte und sich bei den größten New Yorker Filmproduktionen bewarb.

»Ich habe bei Google ›Filmproduktion‹ und ›New York‹ eingegeben und dann bin ich alle Adressen abgegangen«, erzählte sie mir eines Nachmittags, während sie mit ihrer Tochter Coco auf ihrem Wohnzimmerteppich Wolkenkratzer aus Klötzen baute.

Nach New York ging sie nach Buenos Aires. Und Barcelona. Sie lernte Spanisch und drehte noch mehr Filme. Bis sie nach Berlin zurückkehrte und mit 30 Jahren schwanger wurde. Schon in der Schwangerschaft ahnte sie es, nach Cocos Geburt war dann klar, dass sie alleinerziehend sein würde. Theresa hatte schon die ganze Schwangerschaft über Zeit gehabt, sich an das Gefühl zu gewöhnen: »Es wird nur sie und mich geben.« Und das war gut so.

Schon drei Wochen nach der Entbindung nahm sie Coco in einer Babytrage mit zu einem Fotoshooting und machte den ganzen Tag Bilder auf einem Berliner Hochhaus.

Natürlich hat sie ihr Back-Up-Netz aus Familie und Freunden, die sich um Coco kümmern können. Manchmal, aber auch nicht immer. Wenn man sie fragt, wie sie das alles hinbekommt, dann antwortet sie mit einem Lächeln: »Geht ja nicht anders.« Und dieses »Geht ja nicht anders« hat Glam. Es klingt lässig und unabhängig.

Ich denke oft an Theresa – sie, die den Spruch »Babys sind mein neues Rock'n'Roll« geprägt hat – wenn ich mich mal wieder trotz Kita, Babysitter und Papa völlig allein gelassen fühle.

Und dieses Gefühl haben tatsächlich viele Frauen in meiner Umgebung, auch wenn sie in einer Beziehung mit dem Vater des Kindes leben.

Zwar nimmt die große Mehrzahl der Väter laut eines Berichts des Statistischen Bundesamtes Elternzeit, der Großteil aller Papas (rund 76 Prozent) allerdings für nur maximal zwei Monate, nur sechs Prozent der Väter bleiben ein

Jahr lang zu Hause. Was sich hier eigentlich wie ein kleiner Erfolg für die Familienpolitik anhört, ist in Wahrheit oft ein Trauertag für die Gleichberechtigung.

Viele Mütter haben die Elternzeit des Vaters so erlebt wie ich. Das erste Jahr blieb ich komplett mit Maxime zu Hause, mein Mann gesellt sich für einen – wohlgemerkt – Sommermonat dazu und nutzt die Zeit unter anderem auch sehr ausgiebig, um Fußball zu gucken (zufälligerweise war es der EM-Monat), sich auf der Dachterrasse zu sonnen und alte Freunde zu besuchen.

Vor allem in der Elternzeit des Vaters fragen sich viele Frauen deshalb so manches Mal verwundert: Where's the Daddy? Wo sind die Männer und warum geht es hier die ganze Zeit nur um die Mütter? Schließlich gehören zum Kinderkriegen ja immer noch zwei. Aber Papas sind bei der Babybetreuung oft nicht so präsent, wie es sich die Mamas wünschen (dürften). Buchtitel wie »Alleinerziehend mit Mann« und »Muttitasking« legen nahe: Männer, insbesondere Väter, sind (oft) abkömmlich. Beschäftigt mit Einkaufengehen und auf dem Rückweg Cappuccino trinken. Beschäftigt mit dem Kind, aber parallel im Internet auf dem Blog ihrer Lieblingsmannschaft. …

Dabei werden die Väter dringend gebraucht, denn der private Freiraum der Mutter und ihre Möglichkeiten, sich selbst (beruflich) zu verwirklichen, ist im großen Maße abhängig von der Unterstützung und Toleranz ihres Partners.

»Haaaalt! Einspruch!«, werden jetzt einige völlig zu Recht rufen.

»Mein Mann ist aber ganz anders. Ein echter Schatz, kümmert sich um die Kinder, badet den Hund und gehört sogar zu den tollen sechs Prozent, die ein Jahr Elternzeit genommen haben.« Ich sag nur: Sechs Prozent.

Unter ihnen ist zum Beispiel der *Zeit*-Redakteur Stefan Schmitt, der sich für seine Drillinge gleich 14 Monate Auszeit nahm. Zwar gemeinsam mit seiner Frau, aber das ist bei Drillingen auch verständlich. Wer also eines dieser seltenen Exemplare, einen dieser sechs Prozent-Männer an seiner Seite hat: Hütet sie, seid gut zu ihnen, stellt sie in den Glasschrank und präsentiert sie beim Sonntagskaffeeklatsch euren applaudierenden neidischen Freundinnen.

Für die Anderen gilt: Auf in den Widerstand! Erzieht sie euch (ein bisschen) zurecht. Eine kleine Anekdote zu Vätererziehung: Pausti arbeitet viel. Er ist in gehobener Position als Journalist tätig und kommt abends, wenn es gut läuft, um halb neun nach Hause. Wenn Maxime also schon seit anderthalb Stunden schlummert. Neulich hatten wir einen Streit. Pausti kündigte spontan an, er müsse erneut nach San Francisco fliegen, wo er erst vor kurzem für eine längere Zeit war. Drei Wochen hatte ich mit dem Kleinen alleine zu Hause durchgehalten und an diesem Buch geschrieben, und im Gegenzug hatte er mir nach seiner Rückkehr ein freies Wochenende versprochen. Am besagten Samstagmorgen verließ ich also voller Euphorie das Haus zum Yoga und hatte mich nachmittags noch mit einer Freundin verabredet, als er mir plötzlich auf der Türschwelle zurief:

»Wann kommst du denn eigentlich wieder?«

»Äh, um halb sechs?!?!«

Pausti nickte. »Ach so, so spät, mh, mein Flug geht schon um acht.«

Am Sonntag saß ich dann also wieder alleine zu Hause und kümmerte mich um Maxime, weil ich die ewigen Diskussionen satt hatte und keinen neuen Streit wollte. Das »freie Wochenende« hatte offiziell acht Stunden gedauert. Und so kam es zum Streit.

»Du hast zwei Tage Baby-frei, wenn ich wiederkomme«, versprach er mir diesmal kurz vor seinem Abflug.

Und ich brüllte zurück: »Das will ich schriftlich.«

Am nächsten Morgen lag der gewünschte Zettel in Schönschrift auf dem Küchentisch. Was soll ich sagen: So funktioniert es zumindest bei mir: Verschriftlichung ist eine Ebene, die ein Mann wie meiner, Typ Manager, am besten versteht.

Und den Mamas, deren Partner zu den sechs Prozent gehören, die ein Jahr Elternzeit in Anspruch nehmen, möchte ich ans Herz legen: Lobt sie und sorgt dafür, dass sie beim Fußball oder bei Partys so vielen ihrer Kumpels wie möglich davon erzählen, wie toll es doch ist, Klein-Emilie beim Großwerden zuzusehen. Meine Freundin Dani hat sich die Elternzeit zum Beispiel mit ihrem Freund geteilt. Beide arbeiten im selben Büro, für dieselbe Firma. Beide nahmen sechs Monate Elternzeit. Sie die ersten sechs Monate, er die bis zum ersten Geburtstag von Leni.

»Es ist so lustig«, erzählte sie mir. »Neulich war ich mit ihr mit dem Buggy unterwegs, und als er später dazu kam, schimpfte er, dass sie keine Mütze anhat. Ist doch eigentlich ein Mama-Ding.«

Der Hamburger Journalist Tillmann Bendikowski schrieb sogar ein Buch mit dem Titel »Allein unter Müttern« über seine Erfahrungen als Vollzeit-Vater von drei Jungs, und wie er an sich selbst irgendwann Mutter-Züge feststellte.

In einem Baby-Massage-Kurs kommt es gleich am Anfang seines Buches zum Eklat mit der Kursleiterin. Diese attestiert: »Das Kind braucht eine Mutter«, und Bendikowski erwidert: »Ich *bin* die Mutter.«

Herrlich, so geht es also auch!

Und wenn es gar nicht möglich ist, den Mann zu einer längeren Elternzeit zu überreden, dann muss man eben auf eine andere Art der Fremdbetreuung zurückgreifen: Die Kita.

Spätestens ab 1. August 2013 hat jede Familie mit einem Kind ab dem 1. Lebensjahr einen Anspruch darauf.

Doch was heißt das praktisch? Dass ich zum Anwalt rennen und meinen Bezirk, meine Ortschaft oder meine Stadt verklagen muss, wenn dem nicht so ist? Ich bin da nach wie vor skeptisch ...

Von Freundinnen habe ich mir erzählen lassen, dass die Situation um die Kita-Platz-Knappheit allerorts gleich ist. Also in München, Hamburg, Köln oder auch im Bergischen Land auf dem Dorf. Man rutscht irgendwo rein, weil gerade ein Platz frei geworden ist, ansonsten geht es ab auf die Warteliste. In Berlin lebte ich 2012 mit Maxime in einer der größten Kita-Wüsten Deutschlands. Auf der Warteliste bei der Kita bei mir um die Ecke in Prenzlauer Berg standen damals 150 Namen. Überall an den Kitas hingen in den Fenstern Schilder mit der Aufschrift: »Keine Plätze für 2012«, die an den Tonfall der Hinweise »Wir haben Scharlach« erinnerten, als würden sie den ständigen Ansturm panischer Eltern befürchten und abwenden wollen.

Das Problem hat sich längst rumgesprochen. Einmal sprach mich sogar ein Fernsehteam eines großen öffentlichrechtlichen Senders an, ob ich als junge Mutter hier im Kiez nicht vor der Kamera über die Missstände reden wolle. Journalisten-Kollegen riefen mich diskret an, ob ich auch mal an einem dieser sagenumwobenen Kita-Castings teilgenommen hätte, die durch die Zeitungsredaktionen der Stadt wie eine urbane Legende geisterten. Dabei ging es darum, dass kleine elitär angehauchte Elterninitiativen oder eben private Kitas Eltern zu einem sogenannten Kennenlern-Treffen einladen sollten, die allerdings nur getarnte Vorstellungsgespräche für die Eltern und das Kind waren.

Gab oder gibt es so was wirklich? Nun, sehr verklausuliert: Ja!

Da wir im angeblich kinderreichsten Kiez Deutschlands leben, hatte ich mich als Zweckpessimist schon auf Schwierigkeiten eingestellt.

Mit dem nicht einmal zwei Monate alten Maxime auf meinem Schoß rief ich pro Tag mindestens 20 Kitas an und schrieb dieselbe Anzahl an E-Mails. Ich war noch fröhlich und optimistisch. Das konnte doch nicht so schwer sein. Doch mit jedem Anruf wurde mein Gesicht länger.

»Warteliste. Nichts vor 2014. Ich will Ihnen da keine Hoffnung machen.«

»Nur noch für Geschwisterkinder.« Nach einem Tag war ich gereizt. Jetzt wusste ich, wie sich Telefonverkäufer fühlen. Aber es musste ja auch nicht Prenzlauer Berg sein, versuchte ich mich zu trösten. Ich konnte ja morgens auch ein bisschen fahren. Also telefonierte ich die Kitas in Wedding und Mitte durch. Und tatsächlich: Von geschätzten zehn Anrufen endeten vier mit einer Terminvereinbarung.

Eine städtische Kita in Mitte gefiel mir besonders gut.

Zur Besichtigung stand ich zwischen 30 Mamis in Winterjacken mit Babys in einem viel zu heißen Raum.

»Wie viele Plätze gibt es denn eigentlich«, fragte eine aus unserer Gruppe die Kita-Leiterin.

»Na, keine. Aber wir sind verpflichtet, diese Führungen zu machen.«

Plötzlich stand allen inklusive mir der Mund offen. Was für eine Zeitverschwendung. Hätte man uns das nicht vorher sagen können?

Zurück zu Hause fand ich die Nachricht von einer privaten Kita in meinem Mailfach. Die Gebührentabelle lud ich mir als PDF runter. Bis mein Sohn dort angemeldet wäre, würden mehrere Hundert Euro fällig sein. Ich schluckte. Teuer, aber vielleicht meine einzige Chance, dachte ich und machte einen Termin.

»Wir sind stolz, jedes Kind aufnehmen zu können«, erklärte mir die Dame am Telefon. Bevor wir uns trafen, füllte ich einen vierseitigen Bewerbungsbogen aus und überwies 50 Euro Bearbeitungsgebühr.

»Zusätzlich zu den Betreuungskosten erheben wir einen Beitrag von 280 Euro pro Kind«, erklärte mir die Leiterin dann beim Termin. »Dafür sind bilinguale Erziehung mit Englisch, Sport, Obst-Snacks und vieles mehr inbegriffen.« Ich betrachtete die frisch renovierten Räume mit dem neuen Holzspielzeug. Sehr schön zwar, aber andererseits auch die reine Abzocke. Es musste doch noch andere Möglichkeiten geben.

Aber auch die nächste private Kita hatte keinen Platz frei, doch diesmal wollte ich mich nicht so schnell abschütteln lassen und hakte nach: ich sei an einer Fördermitgliedschaft interessiert, log ich. Und die Dame zögerte keine Sekunde: Ich war eingeladen. Und baff: War das also der Trick, den ich all' die Wochen zuvor nicht drauf hatte? Ich fühlte mich, als hätte ich einen mafiösen Kniff angewendet. Kita gegen Kohle? War das überhaupt rechtens? Ich nahm die Einrichtung noch einmal genau unter die Lupe und sagte den Termin wieder ab.

In den nächsten Wochen hagelten die endgültigen Absagen der städtischen Kitas in mein E-Mail-Fach. Nach fünf Monaten engagierter Kita-Suche und Dutzenden Besichtigungen war ich keinen Schritt weiter.

Und trotzdem habe ich heute einen Kita-Platz. Letztendlich habe ich davon profitiert, dass die Firma, in der ich angestellt bin, einen Kooperationsvertrag mit einer Kita hat. Ich zahle monatlich zusätzlich zu den gesetzlich festgeschriebenen Betreuungskosten einen Betrag und bekomme so einen Platz. Preiswert ist das keinesfalls. Und fair erst recht nicht.

Auch heute hat sich in Berlin und, wie ich von Freundinnen höre, auch in anderen Städten nicht viel getan.

Deshalb hilft es nichts – ob alleinerziehend, alleinerziehend mit Mann oder als Paar: Am besten gleich nach der Geburt des Babys zum Hörer greifen und die Ohren heiß telefonieren. Und wer sofort einen Platz kriegt, kann sich völlig zu Recht sehr glücklich schätzen.

Günes, die Isa und ich in München zum Interview trafen, wählte allerdings noch einen ganz anderen Weg, als sie für ihren Ältesten verzweifelt einen Platz in München suchte. Sie gründete ihre Kita gleich selbst, worum es im nächsten Kapitel nun geht …

Fünf Tipps zur Vätererziehung

- Trefft genaue Absprachen: Zwei Mal die Woche bringst Du das Kind zur Kita, abends räumst Du die Küche auf und so weiter. Das schafft Planungssicherheit für beide. Die älteste Regel der Welt, die allerdings nicht oft genug betont werden kann.

- Hau' einfach ab und lass' Papa seinen eigenen Umgang mit eurem Junior finden. Das ist wichtig für ihn. Er wird sich nie natürlich mit eurem Kind verhalten und die Angst ablegen, Fehler zu machen, wenn Mama ihn immer mit Argusaugen überwacht. Deshalb: Mantel an und raus aus der Tür. Er wird seine eigenen Fehler machen, euer Kind wird nach Mama rufen, vielleicht sogar die erste halbe Stunde lang weinen, weil Mama weg ist, aber es ist auch wichtig, Vater und Kind ihre eigene Zeit und Privatsphäre einzuräumen. Und wenn die Tür zugefallen ist: DURCHATMEN!

- Er hält nichts vom Modell Rollenteilung? Vielleicht hat Dein Chéri aber auch einfach nur die falschen Freunde/Kollegen/Vorbilder. Es ist wie in ihrer Jugend: Was die Kumpels cool finden, ist auch cool. Und wenn der Daniel aus der Stammkneipe sagt, dass seine Frau nicht arbeitet und das auch gar nicht soll, dann ist das vielleicht zuweilen der falsche Umgang. Also: Mach dein Daddy-Modell schnell mal mit den Männern deiner Freundinnen bekannt, die ein halbes Jahr Elternzeit genommen haben, und zeige ihm tolle

Väterblogs im Internet (wie den vom *New York Times*-Autor John Kinnear namens ›Ask Your Dad‹) und führe ihn ein in die Welt der neuen Väter.

- Wie wär' s denn ansonsten mal mit einem Vater-Kind-Kurs? Dort können Papa und Kind in geschützter Umgebung ihre Gefühle füreinander entfalten, und Mama hat in der Zeit frei. Neue Freundschaften beim Babyschwimmen oder PEKiP: Nicht ausgeschlossen!

- Und wenn nichts mehr hilft: Täusch' eine schmerzhafte Magen-Darm-Grippe vor, die ja höchst ansteckend sein soll, und bring euer Kleines zu Papa ins Büro. Das wird die weiblichen Kollegen freuen, und Vater und Kind verbringen (notgedrungen) mal Zeit miteinander ...

ACHTUNG • WICHTIGER HINWEIS

Uns ist wichtig zu betonen, dass wir keineswegs den Eindruck erwecken wollen, jedes Kind müsse ab dem 1. Lebensjahr eine Kita besuchen. Natürlich gibt es auch Tagesmütter, Nannys oder die Betreuung von Mama zu Hause, was einem eignen Mama-Projekt auch nicht im Wege steht. Jeder macht's nach seiner Art und seiner Überzeugung. Und jetzt viel Spaß beim Weiterlesen,

Caro & Isa

7. Hör auf dein Bauchgefühl!
Günes gründet *mamikreisel* und eine Kita!

Noch wussten wir nicht, dass der schönste Moment des Tages in München auf uns wartete. Der Weg dahin war jedoch mehr als mühsam. Der Himmel war weiß vor Schnee, die Sonne zeigte sich den ganzen Tag nicht, und dann hatte auch noch der Flieger drei Stunden Verspätung. Endlich angekommen, trotteten Isa und ich durch den Eismatsch des Bahnhofsviertels, vorbei an Striplokalen und Thai-Massage-Salons, erklommen die zugige Treppe eines Hinterhof-Hauses und klingelten. Eine coole 20-Jährige mit Zopffrisur öffnete die schwere Stahltür, die den Blick auf ein riesiges buntes Büroloft freigab. Endlich war es warm und gemütlich, und einen Moment später saßen wir an einem langen Holztisch, auf dem eine Kanne Vanille-Roibuschtee und noch warme Bananen-Schokomuffins standen. Das war er, der Moment des Tages!

»Und, gefällt's euch?«, fragt Günes, die plötzlich hinter uns aufgetaucht ist und sich lässig über die Sitzbank schwingt. Isa und ich gucken verdutzt und noch etwas erledigt von unserem Trip. »Na, unser neues Büro. Wir sind hier vor zwei Wochen eingezogen.« – »Vor zwei Wochen«, fragt Isa erstaunt. »Und dann ist hier alles so pikobello und gemütlich«, füge ich hinzu. »Der Wahnsinn.«

Aber ehrlich gesagt, ist es auch irgendwie kein Wunder, Günes ist unglaublich organisiert und voller Tatendrang. Es ist erst wenige Monate her, dass Günes Seyfarth die Projektleitung für ihr Portal *mamikreisel.de* übernommen hat.

Das Besondere: Günes ist zwar Gründerin, in ihrem eigenen Unternehmen allerdings nur angestellt, was der Mutter von zwei Jungs mehr Flexibilität und Freiheiten erlaubt. Aber das nur vorneweg.

Laut meinem letzten Stand hat alleine die Facebook-Seite von mamikreisel rund 120 000 Fans und die App 10 000 aktive Nutzer. Schwindelerregende Zahlen, von denen Blogger wie Isa und ich nur träumen können. Das Konzept von *mamikreisel* ist dabei so logisch und charmant, dass man sich wundern muss, warum niemand früher auf die Idee gekommen ist. Tausende Mütter tauschen, verkaufen und verschenken auf der Webseite, einem Ableger von *kleiderkreisel.de*, gebrauchte Babyklamotten, Kindermöbel oder Dinge wie Stillutensilien oder Schwangerschaftskleidung. Die meisten Sachen gehen zu Trödelpreisen weg, was die Plattform umso beliebter macht. Ergänzt wird die Tauschbörse durch einen Blog und eine Facebook-Seite, auf der täglich originelle Fotos und interessante Links veröffentlicht werden, und natürlich durch das Forum, auf dem sich viele Mütter über alltägliche Fragen zum Thema Kind austauschen. »Der Wohlfühl-Flohmarkt für moderne Mamis« beschreiben die *mamikreisel*-Gründer ihre Seite, doch mittlerweile ist *mamikreisel* noch mehr. Nämlich Kummerkasten, Lebensberater in allen Lagen und sozialer Online-Treffpunkt für Mütter und mehr Väter, als es zugeben würden.

Jeden Tag bekomme sie dutzende Mails von Müttern, die sich mit ihren Problemen an sie wenden, erzählt Günes. Und sie versucht, auf jede ausführlich zu antworten, manchmal auch von zu Hause aus, wenn die Kinder spielen. Solidarisiert euch, tauscht euch aus, werdet eine Gemeinschaft und helft euch gegenseitig, könnte der Slogan von mamikreisel sein.

Dass Günes viele Leser-Mails mit Fragen bekommt, finde ich keineswegs erstaunlich, ich selbst hänge auch schon nach kurzer Zeit an ihren Lippen. Die 32-jährige Münchenerin mit türkischen Wurzeln strahlt Wärme aus, redet mit sonorer ruhiger Stimme, wirkt tiefenentspannt und glücklich.

Günes absolvierte nach dem Abitur eine Ausbildung als Tanzlehrerin. Als Jugendliche war sie immer sehr schüchtern, was sich erst durch einen Standard-Latein-Tanzkurs änderte. Dort musste sie aus sich herausgehen, vor Publikum tanzen und die Schritte und Figuren mit Ausdruck und Leidenschaft füllen. Sie hatte Feuer gefangen und wurde mit gerade mal 19 Jahren Profitänzerin. Doch nach zwei Jahren als Leistungssportlerin zog ihr Tanzpartner in eine andere Stadt und Günes sattelte um. Sie studierte BWL und Marketing, lernte Spanisch in Sevilla und ging nach New York. Durch mehrere Nebenjobs schaffte sie es, sich ihr Studium selbst zu finanzieren. Nicht verwunderlich also, dass sie als Thema ihrer Diplomarbeit für den Master-Abschluss an der New Yorker Universität NYU *Die Motivation von dezentral arbeitenden Menschen* wählte.

Nach ihrer Rückkehr nach Deutschland zog sie erst mal zu ihrem Verlobten in das 20 000-Seelen-Städtchen Mühldorf am Inn und arbeitete für einen deutschlandweiten Online-Vermarkter. Dort lernte sie über mehrere Jahre das Handwerk, von dem sie als Projektleiterin von *mamikreisel*, noch heute profitiert. Sie kümmerte sich um die Anwerbung von neuen Kunden und Werbepartnern, um Online-Marketing oder auch den Aufbau einer Online-Gemeinschaft in Foren oder auf Internetbörsen.

Mit 29 Jahren wurde Günes dann das erste Mal schwanger, ihr Sohn Matteo ist heute drei Jahre alt. Zwei Jahre später folgte Malik. Wie viele Mütter stand auch Günes vor dem Problem, einen Kita-Platz zu finden; in München war das nahezu unmöglich. Statt sich mit einer endlosen und nervenaufreibenden Suche zu belasten, nahm sie die Sache selbst in die Hand und gründete getreu ihrem Motto »Die sicherste Art, die Zukunft vorauszusagen, ist, sie selbst zu gestalten«, mit befreundeten Müttern selbst eine Kita.

Eine Frau, eine Tat: Am 6. Januar 2010 ließ sie ihren Verein *Karl und Liesl e. V.* eintragen, zunächst eine Elterninitiative für Kinder von eins bis drei Jahren. Heute ist der Verein Träger einer doppelt so großen Kita mit Vollzeit- und sogar Hortplätzen. Die Kita liegt im Stadtteil Giesing an der Grenze zu Au, dem Geburtsort des Kabarettisten Karl Valentin, der mit seiner Partnerin und großen Liebe Liesl Karlstadt berühmt wurde, weshalb die Kita den Namen des bekannten Paares trägt. Im Nachhinein, findet Günes, war die Gründung der Kita und ihr Aufbau eine aufregende Zeit, in der sie Erfahrungen gemacht hat, die sie heute nicht mehr missen möchte. Zwischendurch war sie sich da jedoch gar nicht so sicher; die bürokratischen Hürden, die sie nehmen musste, und ihre Irrwege durch die Ämter brachten sie an ihre Grenzen. Dass die Kita-Gründung schließlich doch noch klappte und sogar zu einem großen Erfolg wurde, liegt sicherlich nicht nur an Günes Tatendrang, sondern vielleicht auch daran, dass bei ihr nicht immer alles perfekt sein muss. Denn anders könnte sie ihr Familienleben mit zwei Kleinkindern, die Leitung der Kita und ihre Arbeit bei *mamikreisel.de* überhaupt nicht miteinander vereinbaren.

Nicht perfekt sein zu wollen, wo Perfektionismus nicht angebracht ist: Ein Grundsatz, an den ich im Alltag mit Maxime oft denken muss. Ich habe festgestellt, dass sich Mütter (auch ich!) häufig unnötig verrückt machen. Günes hat uns gezeigt, dass man sein Kind auch mal einen Tag lang in fleckigen Klamotten rumlaufen lassen kann. Oder dass man keine schlechte Mutter ist, wenn das Kind mal hinfällt, sondern dass solche Erfahrungen auch zum Lernen und Leben dazugehören. Von Günes habe ich gelernt, dass man seinem Kind auch mal sagen kann: »Mama ist jetzt zwar zu Hause, hat aber keine Zeit.« Nur so findet die voll berufstätige Mutter Zeit zum Kochen, ihrer Art der Entspannung, Zeit, die sie mit ihrem Mann Hauke verbringt oder eben Zeit, um die eine oder andere Mail mit Fragen aus ihrem Forum zu beantworten. Denn Mütter müssen Müttern helfen, ob in der Kita, in der Nachbarschaft, im Büro oder eben im Netz, findet Günes.

Die Beliebtheit des Forums *mamikreisel* zeigt, dass diese Solidarität unter Müttern weitverbreitet und erwünscht ist. Und das zeichnet doch ein sehr positives Bild der heutigen Mütter-Generation!

Tipps zur Gründung einer Elterninitiative oder einer Kindertageseinrichtung

- Der erste Schritt ist, sich mit zwei oder drei Müttern, Vätern oder Elternpaaren zusammenzuschließen. Drei bis vier Gründungsmitglieder sind eigentlich ideal, weil man sich bei dieser Größe einfacher absprechen kann, aber auch immer jemand da ist und einspringen kann, wenn ein oder zwei Parteien krank oder beschäftigt sind.

- Und dann geht es los: gründet einen Verein. Die Rechtsform »eingetragener Verein« bringt viele finanzielle und organisatorische Vorteile mit sich. Zum Beispiel, weil man als Verein beim Finanzamt einen Antrag auf Anerkennung der Gemeinnützigkeit stellen kann und so Spenden annehmen und quittieren darf.
  So können Freunde und Förderer, die dem Verein Geld spenden, diese von der Steuer absetzen. Auch kann sich ein Verein beim Jugendamt als »Träger der freien Jugendhilfe« anerkennen lassen und so öffentliche Fördergelder beziehen.

- Spätestens jetzt solltet Ihr eure Grundsätze und Ziele in einem Konzept festhalten. Nehmt euch ruhig die Konzepte von Elterninitiativen, die ihr mögt, als Vorlage. Die meisten findet man als Download-Link im Netz. Schreibt eure Konzeption auf, die Punkte wie den Tagesablauf, das Essen, die Elternmitarbeit und natürlich allen voran, die Erziehungs- und Bildungsgrundsätze eurer Kita. Damit findet ihr die Erzieher und Kinderpfleger, die zu euch passen. Sie entwickeln die Konzeption dann immer weiter.

- Sucht eine Immobilie, die zu euren Anforderungen passt. Stadt und Land haben meist Angaben zu Platz pro Kind und Anforderungen hinsichtlich nötiger Räume. Schaut euch andere Kitas an und lasst euch erzählen, was gut und sinnvoll ist. Denkt an euer Personal, auch es sollte einen Rückzugsraum haben.
Lasst euch bei der Immobiliensuche nicht entmutigen. Die meisten Vermieter beenden das Gespräch, sobald sie hören, dass ihr die Räume für eine Kita sucht. Wichtige Argumente, die für euch sprechen: Bei einer Kita sind die Mieteinnahmen oft sicherer als bei einem privaten Mieter, und eventuelle Lärmbelästigung endet mit Feierabend.

- Nachdem die ersten Hürden genommen sind, wird es jetzt meistens zäh und kompliziert. Jedes Mitglied bringt einen Betrag ein, der am besten monatlich auf ein gemeinsames Vereinskonto überwiesen wird, und mit einem Startkapital kann nun nach geeigneten Räumlichkeiten gesucht werden. Aber aufgepasst: Zuvor solltet ihr euch ausführlich bei den örtlichen Behörden informieren, welche Auflagen (sanitäre Anlagen, etc.) für die Räume genau erfüllt werden müssen und worauf ihr euch somit bei der Suche fokussieren solltet. Oft müssen auch selber Kosten übernommen werden, bevor die Förderungen durch Stadt und Land ausgezahlt werden. Sucht euch ein Darlehen zur Zwischenfinanzierung bei einer Bank, die Vereine unterstützt, wie z. B. der Bank für Sozialwirtschaft. Jetzt gilt: Aufs Kleingedruckte achten und nicht den Mut verlieren.

- Und nicht nur die Räumlichkeiten müssen Auflagen erfüllen, sondern auch das Personal, das ihr einstellen wollt, von der Putzfrau bis zu den Erziehern. Macht euch da schlau, bevor ihr Vorgespräche mit Bewerbern führt.

- Hilfreiche Tipps für Gründer finden sich auch unter: www.bage.de, der Webseite der Bundesarbeitsgemeinschaft Elterninitiativen (BAGE), der viele Elternvereine und Initiativen auch angehören. Dort findet ihr Hilfe und Kontakt zu Beratungsstellen, die euch eure Fragen beantworten.

- Wenn alles in trockenen Tüchern ist, macht es Sinn, sich mit seinem Verein auf den einschlägigen Neugründungsbörsen für Kitas im Netz den möglichen Bewerbern und eventuell auch Unterstützern vorzustellen. Seiten, mit denen wir durchaus auch persönlich gute Erfahrungen gemacht haben sind www.daks-berlin.de und www.kitanetz.de

8. Einfach nur geträumt:
Friederike erfindet ihr Buchlokal!

In Berlin herrscht allerseits, ob bei Immobilien-Maklern, Politi-
kern oder Passanten, das Gerücht, der Stadtteil Pankow im
Norden Berlins sei total im Kommen. Das nächste Prenzlauer
Berg, ein Bezirk also, in dem junge Familien leben, kleine teure
Boutiquen eröffnen, die gehobene Gastronomie floriert, neue
Wohnobjekte gebaut, alte saniert werden und die Mieten stetig
steigen.

Doch als ich Maxime im Buggy an einem Frühlingsmorgen
durch die Straße am S-Bahnhof Pankow schiebe, sehe ich Bä-
ckereien, die auf ihren Tafeln Rührei für 1,50 Euro, eine Tasse
Filterkaffee für 70 Cent und hausgemachten Kalten Hund an-
bieten. In den Kneipen stehen die Türen offen und es wird Bier
getrunken und Dart gespielt. Das alte Pankow, allen Gerüchten
zum Trotz floriert es eben auch.

Und inmitten dieses bunten Flickenteppichs an Kiezkultu-
ren, Dunkelholzkneipen, in denen geraucht wird, Coffee-
shops, auf deren Terrassen Mütter mit Kinderwagen Cous-
cous aus Gläsern essen und Latte Macchiato trinken, wo
der Presslufthammer von der Baustelle rattert und Mana-
ger-Typen unbeeindruckt von diesem Lärm gruppenweise
im Schlosspark joggen, liegt das Buchlokal von Friederike
Zöllner. Eine klassische Buchhandlung mit Kaffeeladen-
Flair, großer Kinderabteilung, einladenden Leseecken und
vielen schönen alten Möbeln aber auch ein Ort, an dem
Anwohner, Touristen und manchmal auch ein paar promi-

nente Gesichter zu abendlichen Lesungen und Signier-
stunden aufeinandertreffen. Ein Laden, geführt von einer
Ur-Berlinerin.

Isa hatte Friederike damals im Existenzgründerkurs kennengelernt, und da die beiden in der Nachbarschaft wohnen und arbeiten, sind sie bis heute in Kontakt. In ihrer
Zielstrebigkeit und Konzentration auf das Wichtige sowie
in ihrem unaufgeregten Pragmatismus sind sich beide sehr
ähnlich.

Das Seminar hat Friederike auf die Gründung ihres eigenen Buchlokals vorbereitet. Seit dessen Eröffnung im Dezember 2011 musste sie schon etliche Höhen und Tiefen
meistern. Persönliche, wie die niederschmetternde Krebs-
diagnose ihres Mannes, der den Kampf wenige Monate
später verlor, die Trauer um ihren Mann und um ihre nur
wenige Monate zuvor verstorbene Mutter – Trauer, für die
sie bis heute nicht den nötigen Raum zum Innehalten bekommen konnte.

Aber auch Höhen, wie die rasant steigende Zahl von Unterstützern in der Nachbarschaft, die darauf warten, dass
endlich das Buchlokal in Pankow eröffnet, und die über die
Facebook-Seite an der Entstehung des Ladens teilnahmen.

Bücher waren für Friederike schon immer gleichbedeu-
tend mit Träumen. In der ehemaligen DDR aufgewachsen,
machte sie eine Ausbildung im heutigen Druckhaus Friedrichshain zur Buchbinderin. In dieser Zeit lernte sie ihren
späteren ersten Mann, den Musikmanager und Produzen-
ten Reyk Zöllner kennen. Sie, ihre Eltern und ihr Bruder
lasen viel, und Bücher hatten einen hohen Stellenwert in
ihrer Familie. Ihre Mutter arbeitete etliche Jahre als Sach-
buchlektorin im damaligen Kinderbuchverlag Berlin. Den

Fall der Mauer und die Wende erlebte Friederike aus nächster Nähe im Berliner Prenzlauer Berg, wo sie aufwuchs und bis zu ihrer eigenen Familiengründung lebte. Das Berlin der Wende, als Künstler, Hausbesetzer, Punks, DJs, Raver, Galeristen, Politiker, Geschäftsleute und internationale Investoren die einst zweigeteilte Stadt, in der damals wie heute alle Zeichen auf Aufbruch und Wandel standen, bevölkerten.

Die Zeit kurz vor dem Fall der Mauer war für sie sehr prägend. Sie ging zu Demos, verfolgte gebannt die Nachrichten; in dieser Zeit formte sich ihr politisches Weltbild und sie wurde erwachsen. Im Herbst 1989 war sie 18 Jahre und bewohnte als Auszubildende eine Einzimmerwohnung in Prenzlauer Berg. Die Wende eröffnete ihr plötzlich ganz neue Möglichkeiten der Berufswahl. Was würde sie jetzt tun? Das Abi nachholen? Vielleicht studieren? Oder in die Buch-Restauration gehen? Sie entschied sich für eine zweite, eine kaufmännische Ausbildung, denn sie wollte nicht jahrelang drauflos studieren ohne konkreten Plan.

Nach gut drei Jahren in einem Vertriebsunternehmen im Berliner Stadtbezirk Steglitz brachte sie ihren ersten Sohn Ramón zur Welt. Bereits drei Jahre zuvor war das junge Paar in den ruhigeren und grüneren Nachbarbezirk Pankow gezogen – aus der Sicht eines Berliners bereits damals eine idealere Umgebung für junge Familien. Friederike blieb die ersten zwei Jahre mit ihrem Sohn zu Hause, kehrte nicht in ihren alten Job zurück, sondern absolvierte ein Praktikum und Volontariat in einem Berliner Independent-Verlag, dessen Bücher sie verzauberten. In einer darauffolgenden Festanstellung im Verlagsvertrieb als Gebietsleiterin Ost, holte sie sich innerhalb von knapp 10 Jahren das nötige Rüstzeug für die Verwirklichung ihres späteren Traumes. Noch während des Volontariates trennte sich Friederike von Reyk und teilt sich mit ihm bis heute das Sorgerecht für Ramón.

Im Jahr 2006 lernte sie bei einer beruflichen Veranstaltung ihren zweiten, inzwischen verstorbenen Ehemann, den damaligen Vertriebsleiter des Berlin Verlag Uli Hörnemann kennen und lieben. Ihr gemeinsamer Sohn Louis ist heute fünf. Kurz nach Louis' Geburt entstand die Idee zum Buchlokal. Friederike, die ihr Leben lang mit Büchern, Vertrieb und Verkauf zu tun hatte, und gemeinsam mit ihrem Mann Uli die Branche sehr gut kannte, wollte sich selbständig machen und sich ihren Traum von einem eigenen Buchladen erfüllen. Ihr Baby und die Zeit mit ihm gaben ihr die Muße, sich selbst zu finden und in Gedanken an ihrem Traum zu basteln. Bereits im ersten Jahr der Elternzeit begann sie wieder, von zu Hause aus für den Verlag projektbezogen zu arbeiten, und kehrte dann nach fast 3 Jahren vorübergehend in ihre Festanstellung zurück.

Im April 2010 war es dann soweit: Friederike wagte den Schritt zum eigenen Projekt. In Pankow fand sie nach einigen fruchtlosen Bemühungen endlich eine Immobilie, eine alte Lotto-Annahmestelle, die erst einmal von Grund auf saniert werden musste.

Bereits in der ersten Planungsphase Ende 2010 gründete Friederike eine Facebook-Gruppe mit dem Namen *Baustelle Buchhandlung*, die zu ihrer eigenen Verwunderung über Nacht Hunderte von Fans hatte. Für Friederike natürlich die beste Motivation, ihre Idee in der realen Welt nur noch schneller voranzubringen. Ihre Buchregale, wie zum Beispiel ein umgebauter Konzertflügel, inszenierte sie wie kleine Kunstwerke und bestückte sie mit ausgewählter Belletristik, Kunst- und Sachbüchern. Der große Kinderbuch-Bereich mit Spielen, Puzzeln und einem kleinen Tisch mit Stühlen bildet bis heute das Herzstück des Buchlokals – nicht zu vergessen die professionelle Espressomaschine an der Kasse.

Mit ihrer Erfahrung aus knapp einem Jahrzehnt Verlagsvertrieb wusste Friederike, dass es heute nicht mehr ohne Internet-Präsenz geht. Das Flair des Buchlokals verbunden mit einem modernen Online-Shop: Das war der Schlüssel, um das Geschäft für ihre Familie, ihre zwei Mitarbeiterinnen, – zwei sehr erfahrene Buchhändlerinnen – und sich am Laufen zu halten. Bis heute ist sie auch auf Facebook sehr aktiv, kündigt alle Lesungen und viele Neuerscheinungen an. In der Woche und samstags gehen die Stammkunden aus der Nachbarschaft im Buchlokal ein und aus. Auch viele bekannte Gesichter sind unter ihnen. Die wenigsten wissen allerdings, wie schwer es Friederike letztendlich fiel, an ihrem Traum festzuhalten und diesen perfekten kleinen Laden zu eröffnen. Denn kurz bevor die zweifache Mutter den Laden im Dezember 2011 einweihen sollte, starb ihre Mutter mit gerade einmal 64 Jahren, und nur wenige Monate später, im August 2012, ihr Mann mit 51 Jahren nach einem kurzen, schweren Krebsleiden.

Zwei harte Schicksalsschläge, der Verlust zweier geliebter Menschen, und das in nicht einmal einem Jahr.

Das Einzige, was Friederike in ihren schlaflosen Nächten und dunklen Tagen Mut machte, war neben ihren beiden Söhnen der Gedanke, dass ihr Mann Uli den Laden so liebte, dass er es in der Zeit seiner Erkrankung als einen der

schönsten Momente empfand, im roten Sessel der Kinder-
buchabteilung mit einem Espresso und einem guten Buch
zu sitzen und zu lesen. Er hatte es sich sehr für Friederike
gewünscht, dass sie den Laden erhalten und ihren Traum
auch ohne ihn weiterleben könnte.

Als Existenzgründerin hatte Friederike den Laden und das
erste Jahr mit einem klassischen Bankenkredit finanziert,
und mittlerweile läuft das kleine Unternehmen Buchhandlung gut.

Der Standort, sagt sie, sei ein Hauptgewinn, die Gegend
befinde sich gerade sehr im Wandel. Immer mehr Touristen kämen nach Pankow, um den Schlosspark und den Kiez
zu besichtigen und entdecken dabei dann auch ihre Buchhandlung, die auf dem direkten Weg zum Schloss liegt. Op-
timismus, um in der heutigen Zeit von Onlinegiganten wie
Amazon und dem vermehrten Kundenbedürfnis nach
e-Books und e-Readern einen Buchladen zu eröffnen, rei-
che heute nicht mehr als Motivation aus, sagte Friederike
in einem Interview mit dem *Börsenblatt* im April 2013.
Vielmehr seien die Wahl des Standortes, die genaue Kennt-
nis des Umfelds und der Kundenbedürfnisse sowie eine
gute Vernetzung die Basis zum Erfolg. Die erfahrene Geschäftsfrau kennt ihre Leser genau und richtet auch die
Themen ihrer Lesungen nach deren Interessen aus.

Und dass sich Friederike im kinderreichen und familien-
freundlichen Pankow für eine große Kinderbuchecke entschieden hat, ist natürlich auch Teil ihres Konzepts.

Gibt es heute noch eine Zukunft für die Buchbranche, für
einen klassischen Buchladen, in einer Welt, in der Men-

schen Nachrichten auf dem Smartphone checken und in der Bahn, auf der Poolliege oder abends im Bett mit dem Kindle Romane lesen?

Sicher, findet Friederike, aber die Branche brauche die Verknüpfung mit den sozialen Medien, aber auch den direkten Kontakt mit den Menschen. Die Leute wollen etwas zu Anfassen, sagt sie, den Autor treffen, sich ihre Bücher signieren lassen. Dieses Gefühl könne keine Online-Lesung der Welt ersetzen. Das sieht sie an sich selbst und den gut besuchten Abenden im Buchlokal.

Auch wenn eine große Wende käme, die den ganzen Handel umwälzen und die es den Buchhändlern noch schwerer machen würde zu bestehen, neue Ideen für ihr Fachgebiet habe sie trotzdem genug, sagt sie.

Und darin, Kraft zu sammeln und sich in Zeiten des Umbruchs neu zu erfinden, damit kennt Friederike sich nun mal aus.

Checkliste zur Finanzierung eines Buchladens oder eines eigenen Geschäftes

- Grundvoraussetzung ist natürlich ein stimmiger Business-plan (Anleitung dazu siehe Kapitel II 10) und ein dazugehö-riger Finanzplan. Beim Finanzplan geht es grundsätzlich um die Fragen:

  – Wofür benötige ich Geld? Wie hoch sind meine Ausga-ben?

  – Wieviel Geld benötige ich?

  – Woher kommt das benötigte Geld?

  – Kann ich Umsatz generieren? Ab welchem Zeitpunkt?

- Den Kapitalbedarf ermitteln. Im Kapitalbedarfsplan wird auf-gelistet, welche Kosten anfallen, dazu gehören die Grün-dungskosten (Kosten, die in direkter Verbindung zur formel-len Gründung stehen, wie Beratungskosten, Anwaltskosten, Notarkosten, Gewerbeanmeldung, Patentanmeldungen, ers-te Werbung), Investitionen (zumeist Sachinvestitionen wie Maschinen, Büroausstattung, Fahrzeuge und Lizenzen) und Kosten für die Anlaufphase (Kosten, die anfallen, bis Umsät-ze gemacht werden). Gut ist es hier, mit Freunden spielerisch zu testen, ob an alles gedacht wurde oder ob eventuell sogar zu großzügig geplant wurde.

- Ertragsvorschau: Die Ertragsvorschau zeigt die Entwicklung eines Unternehmens in monatlichen Schritten auf. Meist wird sie für die ersten drei Jahre erstellt. Im ersten Schritt berechnet man hier den betrieblichen Aufwand: Welche

Kosten (z. B. Miete und Personal) fallen an, auch wenn kein Umsatz gemacht wird? Dann wird der monatliche Umsatz berechnet. Dafür überlegst du dir, was dein Produkt im Einzelnen kosten soll und wieviel du denkst, davon pro Tag und pro Monat verkaufen zu können. Daraus ergibt sich der nächste Schritt: Du berechnest jetzt die umsatzbezogenen Kosten, d. h., welche Kosten fallen durch die Produktion an? Versuche bei all den Schritten so realistisch wie möglich zu bleiben, um eine Unternehmensentwicklung aufzeigen zu können, die umsetzbar ist.

• Liquiditätsplanung: Diese zeigt auf, ob ein Unternehmen liquide, also »flüssig« ist. Wenn alle Einnahmen und Ausgaben so genau wie vorhersehbar, eingeplant sind, erkennt man aus der Liquiditätsplanung, ab wann Engpässe entstehen oder ob Überschüsse erwirtschaftet werden. Die Liquidität eines Unternehmens ist das Allerwichtigste, ist sie nicht mehr gegeben, muss das Unternehmen Insolvenz anmelden.

• Finanzierung: Nachdem du nun weißt, welche Mittel du benötigst, um zu starten, muss geklärt werden, woher diese kommen können. Dafür gibt es verschiedene Möglichkeiten:
1. Gründest du aus der Arbeitslosigkeit heraus, hast du die Möglichkeit, eine Existenzgründungsförderung in Anspruch zu nehmen. Erkundige dich dazu bei deiner Arbeitsagentur.
2. Ist das nicht der Fall, gibt es für Gründer die Möglichkeit, günstige Existenzgründungsdarlehen der KfW zu erhalten. Zusätzlich vergibt die KfW auch das sogenannte Gründercoaching, einen Zuschuss zu Coaching und Beratung im Wert von bis zu 4500 EUR.

3. Natürlich kannst du auch bei deiner Hausbank einen Kredit beantragen. Voraussetzung hierfür ist ein bis zu fünfzigprozentiger Eigenanteil oder andere Sicherheiten. Je höher der Eigenanteil, desto einfacher ist es, ein Darlehen oder einen Kredit zu erhalten.
Vergiss aber nie: Darlehen und Kredite müssen bis zu einem bestimmten Zeitraum zurückgezahlt werden.

4. Deshalb ist es vielleicht manchmal einfacher, in der Familie oder im Freundeskreis nach finanzieller Hilfe zu fragen, um den Zeitdruck etwas zu nehmen.

- Wenn du mit dem Finanzplan Hilfe brauchst, der wegen der Excel-Tabellen und vieler Zahlen für Nicht-Banker sehr kniffelig sein kann, gehe zur Existenzgründerberatung oder belege einen Kurs für Existenzgründer (meist wird dieser über die Arbeitsagenturen angeboten).

- Solltest du eine Gewerbeanmeldung benötigen, lass dich am besten bei deiner IHK oder beim Börsenverein des Deutschen Buchhandels beraten, welches Modell für dich das Beste ist – am besten, nachdem du Finanz- und Businessplan fertig vorliegen hast.

9. Und plötzlich gehört mein Hobby allen: Regina verkauft Handgemachtes auf *DaWanda*

Das Beste an meinem Redakteursberuf ist für mich, neben dem Privileg, Nachrichten verbreiten zu dürfen, die Chance, immer wieder neue und spannende Leute kennenzulernen. Menschen, die mir sonst wahrscheinlich nie begegnet wären und die mir immer wieder neue Perspektiven eröffnen. So auch im Fall von Regina Packeiser. Nur, dass sich mir in diesem Fall bereits vor unserem Kennenlernen im wahrsten Sinne des Wortes ein neuer Blickwinkel eröffnete. Eigentlich dachte ich, dass ich Eimsbüttel, das Hamburger Wohnviertel von Regina und meine Heimat während meiner Zeit in der Hansestadt in- und auswendig kennen würde. Doch als ich mich der angegebenen Adresse nähere, erkenne ich das Viertel, ein Idyll aus bunten Gärten, Spielplätzen und blühenden Bäumen nicht wieder. Diese Oase nur 200 Meter entfernt von meinem alten WG-Zimmer? Wo war ich nur all die Jahre gewesen?

Regina ist zweifache Mutter, Medizinerin und eine der Verkäuferinnen, mit denen sich *DaWanda*, die deutschlandweit größte Verkaufsbörse für Handgemachtes, sehr gerne schmückt. In fünf Jahren hat sie über das Portal weit über 3 000 ihrer selbstgemachten Nähwerke verkauft und zählt damit vielleicht zu den konstant erfolgreichsten Labels.

Regina hat schwarzen Tee gemacht, der in einer Kanne aus Ton auf einem Teestövchen auf dem Wohnzimmertisch vor sich hin köchelt, während wir ein paar alte Fotos ansehen.

Ihr erfolgreichstes Produkt neben Namenskissen für Kinder und Stoffbeuteln sind ganz klar ihre Mutterpasshüllen, für die sie mit ihrem Label *Tante Rö* im Netz bekannt ist. In ihrem Online-Shop können sich werdende Mamas einen Stoffumschlag für ihren Mutterpass bestellen, auf Wunsch auch mit einer aufgenähten Figur, die aussieht wie man selbst. Dasselbe funktioniert auch mit Familienfotos, die man sich als genähte Stoffversion bestellen kann, mit Glückwunschkarten für Hochzeiten oder zur Geburt.

Tante Rö kann nicht anders, es muss einfach genäht werden, an die Maschine gesetzt und los geht's, schreibt Regina Packeiser auf ihrer Webseite – und tatsächlich begleitet ihre Leidenschaft für Handarbeit sie bereits ihr ganzes Leben.

Schon die Mutter der gebürtigen Lübeckerin nähte leidenschaftlich gerne. Doch das Nähen allein reichte Regina nicht. In ihrer Jugend kamen noch viele handwerkliche Hobbys hinzu. Sie töpferte, stickte, strickte, baute Marionetten und werkelte ständig vor sich hin. An ihrer Schule war es während des Unterrichts erlaubt zu stricken, sofern man ruhig zuhörte, ein Angebot, das sie ausgiebig nutzte.

Nach dem Abitur entschied sie sich dann aber zunächst doch für einen soliden Beruf: Sie studierte Medizin. Nicht, weil sie aus einer Ärzte-Dynastie kam, wie sie selbst sagt, sondern weil sie dachte, das Fach könnte sie interessieren. In Hamburg bekam sie einen Studienplatz, bezog ein Zimmer im Wohnheim und lernte ihren Mann Stefan kennen. Kurz vor ihrem erfolgreichen Abschluss wurde sie schwanger mit Sohn Anton, der heute fast volljährig ist. Schon länger war ihr klar: Medizin war es irgendwie nicht. Sie bekam ihr Kind, blieb die ersten drei Jahre mit ihm zu Hause und entschied sich dann für eine Umschulung.

Das Arbeitsamt bot die damals noch sehr neue Ausbildung zum Mediengestalter an, und Regina fand sich sofort in diesem Berufsbild wieder. Sie lernte Graphikdesign, Internetseiten zu bauen und arbeitete schon bald in Teilzeit bei einem Verlag. Alles nicht wahnsinnig aufregend, wie sie heute sagt, aber ihr Beruf gab ihr, dank geregelter Arbeitszeiten, den Freiraum, sich um ihren Sohn kümmern zu können. Und bald auch um ihre Tochter Frieda, für die sie dann zunächst ein Jahr lang in Elternzeit ging. In ihren alten Job sollte die zweifache Mutter allerdings nie wirklich zurückkehren. Ihr Mann Stefan, der zunächst Philosophie studiert hatte, arbeitete für eine Wirtschaftsprüfer-Agentur und die Familie konnte ihren Lebensunterhalt durch seinen Verdienst sehr gut bestreiten.

Ein Wiedereinstieg in den Beruf stellte sich im Jahr 2004 als schwierig heraus. Die New-Economy-Blase, während der im Hamburger Schanzenviertel, so wie in ganz Deutschland, die IT-Agenturen wie Pilze aus dem Boden geschossen waren, war geplatzt, viele Graphikdesigner, Programmierer und eben auch Mediengestalter wurden arbeitslos.

Also konzentrierte sich Regina auf das, was sie liebte und konnte. Um nicht nur zu Hause 'rumzusitzen, gab sie unentgeltlich Töpfer- und Werkkurse in der Kita ihrer Tochter und nähte. Zunächst war es nur eine Stofftasche, auf die sie eine schwarze Katze genäht hatte, das Lieblings-Kuscheltier der Tochter. Damit war jedoch der Grundstein für ihr neues Berufsleben als Online-Verkäuferin gelegt, und schon bald nähte Regina immer mehr dieser Taschen, zunächst für die vielen Kindergeburtstage, denn in ihrem Mütterfreundeskreis waren alle ganz verliebt in die selbstgemachten Stoffbeutel, dann schließlich, um sie auf der damals noch neuen Online-Verkaufsplattform *DaWanda* einzustellen und zu verkaufen.

DaWanda wurde 2006 von Claudia Helming und Michael Pütz als klassisches Start-up-Unternehmen in Berlin gegründet und ist heute mit mehreren Länderbüros nicht nur das größte Verkaufsportal für Selbstgemachtes in Deutschland, sondern auch in sieben Sprachen verfügbar. Anders als *e-Bay* darf bei *DaWanda*, wo allerdings mittlerweile auch Vintage-Produkte angeboten werden, nur Selbstgemachtes verkauft werden. Ob Kleider, Bastelware, Modeschmuck oder auch Möbel, egal – Hauptsache, die Waren sind individuell und in Handarbeit hergestellt.

Laut aktueller Firmen-Statistik stellen bei der Plattform derzeit rund 130 000 Hersteller ihre Waren ein. Dabei sind 45 Prozent der Mitglieder Mütter, von denen 59 Prozent selbst als Online-Verkäuferinnen aktiv sind. Viele nutzen das Portal während der Elternzeit, erst zum Zeitvertreib, dann für den Sprung zurück ins Berufsleben, erklärt die Gründerin Claudia Helming in einem Interview mit der Wochenzeitung *Die Zeit*. Zehn Prozent von ihnen führten dabei ihren Shop mittlerweile in Vollzeit und sicherten so ihr Einkommen. So wie Regina Packeiser.

»Ich glaube, man könnte davon leben, wenn man sich sehr einschränkt«, sagt sie vorsichtig in ihrer bescheidenen Hamburger Art. Regina stieg 2008 zu einem Zeitpunkt bei der Onlineplattform ein, als das heutige Riesenunternehmen in seinem dritten Jahr nach der Gründung war. Und sie bewies das richtige Gespür, als sie ihren Onlineshop einrichtete und nach einem besonderen Produkt suchte, das ihren Shop unverwechselbar macht. Und nach einigen Versuchen und einigem Herumprobieren entschied sie sich für Mutterpasshüllen. 25 Euro nimmt Regina pro Hülle, bei einer personalisierten Anfertigung auf Wunsch sind es 30 Euro. Mehr mag die Hamburgerin nicht nehmen, sonst wird es zu teuer, findet sie.

Die Verkaufsbedingungen der Plattform sehen folgendermaßen aus: Das Online-Portal erhält für jedes verkaufte Produkt eine Provision von fünf Prozent des Verkaufspreises. Dazu kommt eine Gebühr für das Einstellen eines Produktes, die, abhängig vom Verkaufspreis, zwischen 10 und 30 Cent liegt. Während Regina erzählt, gelassen ihren Tee trinkt und gelegentlich aus dem Fenster schaut, bewundere ich ihre Organisation. Bis zum heutigen Tag hat sie 3 350 Teile online verkauft, durchschnittlich also mehrere Bestellungen am Tag, bei denen sie zunächst die Käuferanfrage beantworten, das Produkt herstellen, es zu Post bringen und die Abrechnung machen muss. Das alles macht sie allein. Auf meine Frage hin, ob sich mittlerweile eine Aushilfe lohnen würde, zuckt sie mit den Schultern. Da ist das Platzproblem, sie näht und werkelt in ihrem Wohnzimmer, da ist es schwierig, noch eine Aushilfe einzubinden. Das Verpacken und der Versand sind natürlich auch zeitraubend, aber allein hierfür eine Angestellte einzustellen, lohnt sich dann eben doch nicht.

In den letzten Jahren hat Regina eine richtige Arbeitsroutine entwickelt und ihren Job in ihr Familienleben integriert. Um halb acht trifft sich die ganze Familie zum Frühstück in der Küche. Wenn ihr Mann und ihre Kinder das Haus verlassen, beginnt Reginas Tag mit Erledigungen im Haushalt. Dann setzt sie sich mit einer Tasse Tee an den

Rechner, um ihre Mails zu lesen und neue Bestellungen aufzunehmen oder ihre Buchhaltung zu machen. Danach wird genäht. Währenddessen hört sie Hörbücher aus der Bücherei. Wenn es »flutscht«, sagt sie, braucht sie für eine Hülle eine Stunde. Dann wird das Werk fotografiert, verpackt und versendet. Gegen 17 Uhr kommt ihr Mann meistens nach Hause, mit dem sie Kaffee trinkt und einen Keks isst. Danach näht sie meistens noch bis zum Abendessen weiter. Ihre Arbeit macht Regina Spaß, und zwar bei jeder einzelnen Hülle, jedem Kissen oder Tragebeutel.

Das Schönste sei, dass sie mit Lob für die Hüllen, die mir während meiner Schwangerschaft bei den nervigen Vorsorgeuntersuchungen bestimmt auch gute Laune gemacht hätten, überschüttet wurde. Und so kommt es, dass der Strom an Bestellungen offenbar nie versiegt. Und manchmal, an den Feiertagen oder um Weihnachten herum, wenn es dann »zu verrückt« wird, muss sie sogar die Notbremse ziehen und den Shop für ein paar Tage schließen, weil sie sonst nicht mehr hinterher kommenwürde.

Ihr Label *Tante Rö* ist für Regina Packeiser somit zum Vollzeitjob geworden. Längst hat sie eine eigene Webseite und plant neue Produktideen.

Auf Basaren oder in Boutiquen zu verkaufen, ist für sie längst nicht mehr interessant. Dafür müsste sie einen Vorrat an genähten Sachen anlegen und diese auch selber verkaufen, und dafür fehlt der zweifachen Mutter einfach die Zeit. Lieber ist sie mit dem Fahrrad unterwegs, geht mit ihrer Familie im Sommer in ihr Lieblings-Freibad oder spielt in ihrer Frauen-Trommelgruppe.

Das Geld, das sie mit *Tante Rö* verdient, kommt übrigens auf ein Sparkonto. Auf die Frage, was sie mit dem Geld vorhat, überlegte Regina lange und antwortete dann: »Ja, ein neues Fahrrad müsste mal wieder her oder ein schöner besserer Fotoapparat.« Sie überlegte noch einen Moment, aber mehr fiel ihr so spontan nicht ein. Also nickte ich nur, schrieb den Satz nieder und lächelte.

Fünf Tipps von Regina für das erfolgreiche Verkaufen auf Online-Plattformen

- Finde deinen eigenen Stil, der sich von der Masse abhebt. Das kann wie bei Regina eine Mutterpasshülle sein, eine originelle Idee wie zum Beispiel eine Ausstechform für Plätzchen in iPhone-Form, eine Türplakette mit Hirschen in bayerischem Design mit der Aufschrift »Sex, Drugs and Rock'n' Roll« oder, oder, oder ... Was zählt, ist, dafür zu sorgen, dass Dein Produkt in einem Angebot von Hunderttausenden von Produkten, die bei Onlineforen wie *DaWanda* täglich angeboten werden, heraussticht. Zumindest verbessert das die Verkaufschancen ungemein.

- Wenn du eine Idee und einen Prototyp des Produkts hast, dann investiere etwas Mühe in das Foto, das du von deiner Ware machst.
  So signalisierst du, dass du dein eigenes Produkt schätzt. Also dekoriere ein bisschen oder werde kreativ und bedenke, dass das eine Menge über dich und deine Produkte aussagt.

- Je professioneller du deinen Shop betreibst, desto mehr wirst du dich auch mit rechtlichen Dingen auseinandersetzen müssen. Auf der Webseite von *DaWanda* findest du eine Einführung und praktische Tipps dazu. Du wirst wahrscheinlich zunächst als Kleinunternehmer beim Gewerbeamt einen Gewerbeschein beantragen müssen. Dann solltest du zum Beispiel klären, ob durch deine Namensgebung keine Markenrechte Zweiter oder Dritter verletzt werden, und, und, und …

Aber keine Sorge, da fuchst man sich mit der Zeit rein!

- Fange klein an und steigere dich dann. Versuche nicht gleich am Anfang alles zu wollen. Teste erst ein paar Produkte, erweitere dann dein Angebot, schau, wie deine Sachen bei den potenziellen Kunden ankommen. Der Vorteil ist, dass du dich so nicht gleich von Anfang an finanziell und zeitlich zu sehr aus dem Fenster lehnst, und natürlich, dass du Schritt für Schritt lernen kannst, wie eine Online-Boutique funktioniert.

- Und zuletzt natürlich: Habe Spaß! Ohne Spaß hätte Regina nicht Tausende von Produkten gefertigt und tagelang an der Nähmaschine gesessen. Gerade bei Handarbeit zählt die Liebe und die Mühe, mit denen die Produkte gemacht sind. Also: freu' dich über deine Sachen!

10. Mein Baby, mein Business und ich:
Julia gründet eine PR-Agentur

Julia Winkels, Gründerin und Chefin der PR-Agentur Bold in Berlin-Mitte, die auf urbanes Marketing spezialisiert ist und 19 Angestellte hat, fährt zum Interviewtermin mit Achtmonatsbauch auf einem Fahrrad mit Kindersitz vor. Gleich werden Isa und ich sie treffen. Wenn alles nach Plan verläuft. Aber wann tut es das schon mal mit zwei Babys im Schlepptau?

Denn was auch immer man über Megakarrieremütter wie Michelle Obama erzählen mag, die in jüngeren Jahren als Top-Juraabsolventin mit Kinderwagen zum Vorstellungsgespräch an der Uniklinik in Chicago erschien und das angeblich völlig problemlos gemanagt haben soll – in Wirklichkeit ist es eine saudoofe Idee, seinen einjährigen Sohn zu einem Interviewtermin mitzunehmen.

Ich gehe – pardon –, schiebe mit Isa die dichtbefahrene Torstraße in Berlin-Mitte hinunter. Sie hat ihr sieben Monate altes Baby Friedrich in einem knallorangen Buggy dabei. Im Gegensatz zu Maxime ist Friedrich jedoch ein Meister darin, sich als pflegeleichtes Kuschelbaby zu präsentieren, stundenlang auf Mamas Schoß zu verharren und neugierig und superniedlich in die Welt zu blicken.

Wir marschieren zügig, um pünktlich zu unserem Termin mit Julia Winkels zu kommen. In Sachen Vereinbarkeit von Familie und Beruf ist sie eine echte Vorzeigemama: Vor knapp drei Jahren hat sie ihre Agentur *Bold* mit Partnerin Svenja Evers und einem staatlichen Gründerzuschuss aus dem Boden gestampft. Heute ist sie Mitte 30, hat eine lange Liste fester Kunden wie *Bugaboo*, *Villeroy & Boch*, *Casio*, *Mavi Jeans* oder die Berliner Modemesse *Bread & Butter*, 19 festangestellte Mitarbeiter und eine dreijährige Tochter namens Ella.

Ihre Agentur liegt eingekeilt zwischen Pop-up-Stores und Vintage-Boutiquen, unweit von türkischen Gemüsehändlern und Kneipen und, wie alles in Mitte, umringt von schlecht gepflasterten Gehwegen, Müllresten und Graffiti.

Bei unserer Ankunft schläft Maxime noch tief und fest. Es hat mich viel Nerven gekostet, ihn an diesem Morgen von sieben bis zehn Uhr wach zu halten. Mein Plan sieht vor, dass er danach todmüde ist und zwei Stunden im Wagen durchschläft, ich mein Interview mache und wir dann im Biomarkt Mittag essen gehen. So die Theorie.

Denn natürlich kommt alles anders. Nur fünf Minuten, nachdem wir unsere Jacken in Julias Agentur ausgezogen haben, an einen Tisch gebeten wurden und von einer netten Assistentin einen dieser fancy Eistees angeboten bekommen haben, wacht Maxime natürlich auf. Pech! Ich hätte mich um ein Haar zum ersten Mal entspannt. Wie gut, dass ich wenigstens vorher noch meine Interviewunterlagen auf dem Tisch ausgebreitet habe. Macht immer einen seriösen Eindruck.

Ich vollziehe noch einen letzten Schnuller-Milch-Schaukel-Versuch, ihn wieder ins Wolkenreich zu wiegen – doch wie sagt man so schön: It's already fucked. Maxime ist knallwach.

Und da kommt auch schon Julia lächelnd zur Tür rein. Sie hat ihre Haare zum Pferdeschwanz gebunden, trägt ein riesiges Kuscheltuch um den Hals und einen wunderschönen, kugelrunden Bauch vor sich her.

»Ende Januar ist es soweit«, erzählt sie, setzt sich zu uns an den Tisch, knabbert an einer Birne aus dem Obstkorb vor ihr. Sofort ist das Eis gebrochen, und wir drei verfallen in den Mama-Plaudermodus.

Maxime interessiert das alles natürlich gar nicht. Wie ein kleines Äffchen klettert er auf mir herum, kratzt und kneift mit seinen Minimonsternägeln in meinem Gesicht, reißt mir die Klammer aus den mühevoll gebändigten Locken, bis ich ihm schließlich eine Pflaume aus dem Obstkorb in die Hand drücke, die er die nächste halbe Stunde auf dem hellen Agenturboden verteilt.

Julia gießt sich ein Glas stilles Wasser ein und lächelt uns an. Mir ist das schrecklich peinlich und ich gerate schon ins Schwitzen, aber irgendwie bin ich gerade nicht in der Lage, es zu ändern. Mitschreiben, mitdenken, Fragen stellen und gleichzeitig meinen Einjährigen bändigen – Error. Systemabsturz. Sorry.

Ich kapituliere, entscheide mich für das Interview und lasse ihn unter dem Tisch mit Obst rummatschen, wende mich wieder ihr zu, schon leicht aus der Puste.

Julia scheint das alles nicht zu jucken. In aller Seelenruhe wartet sie auf die erste Frage, strahlt gelassen vor sich hin und entspannt damit die Situation.

»Hier«, sagt sie zu Maxime, beugt sich unter den Tisch und reicht ihm einen ihrer Hochglanzkataloge, die auf einem Stapel auf dem Tisch liegen. »Den kannst du zum Spielen haben.« Dann richtet sie sich wieder auf. »Wisst ihr, es ist nicht so, dass wir hier so wahnsinnig viel Geld verdienen, wie viele denken, denn wir haben wirklich hohe Kosten. Aber hier ist alles meins. Was ich liebe, ist die Freiheit, mich entscheiden zu können, dieses Gespräch zu führen und um vier dann meine Tochter in der Kita abzuholen und mit ihr noch zum Laternenumzug zu bleiben.«

Ich nicke und schreibe mit, als wäre ich ihr Sektenjünger. Sofort fällt mir auf, wie positiv sie an die Dinge herangeht. Sie hat in den USA gelebt und gearbeitet, und offensichtlich hat die amerikanische Alles-easy-Einstellung bei ihr fürs Leben durchgeschlagen. Aber vor allem ist sie niemand, der sich verzettelt. Sie macht das, was sie kann, betont sie. Und das war wohl von Anfang an ihre größte Stärke.

Julia wuchs in Berlin und später in Heidelberg auf, wusste, dass sie »medial arbeiten wollte« und studierte deshalb Publizistik an der Freien Universität Berlin, wechselte später für das Fach Wirtschaftskommunikation an die Universität der Künste, absolvierte Praktika unter anderem bei *MTV*, schrieb einige Artikel für das *Deutsch Magazine*. Julia war schon damals ehrgeizig.

»Im *Boudoir*, einem dieser Berliner Nachtclubs von früher, am Rosenthaler Platz, zog ich damals eine Tarotkarte«, erzählt sie. Sie holt die Karte, auf der in großen Lettern »Streben« steht, aus ihrem Portemonnaie. »Ich habe sie eigentlich immer dabei. Die Wahrsagerin sagte mir damals, dass ich alles erreichen werde, aber auch immer viel dafür tun muss. Und ich denke, so ist es gekommen.«

Julia stammt aus einer Modefamilie. Ihre Eltern waren Einzelhändler für Kleidung, ihre Schwester war eine zeitlang Vice President für Design beim amerikanischen Klamottenlabel *Gap*.

»Ich glaube, daher habe ich mein Markenverständnis«, überlegt sie. »Ich konnte eine Marke schon immer gut einer Person oder einer Gruppe zuordnen.«

Mit ihrem Mann Ali, der heute Produktdesigner ist, fotografierte sie in Berlin Hunderte von Graffiti und schrieb ihre Diplomarbeit darüber.

»Das Thema war Grafik- und Streetart als globales Kommunikationsmittel«, erinnert sich Julia.

Ein Volltreffer. Ein Engagement bei *Circleculture*, der namhaften Berliner Agentur für kreative Kommunikation und Marketing folgte. 2008 ging es für Julia dann als Global Lifestyle Marketing Manager für *Reebok* nach Boston in die USA. Die Eintönigkeit von Büros mit grauen Fassaden, grellen Teppichen und Neonröhren prägte ihren Alltag – und eines Tages auch ein kleiner pinker Strich auf einem Schwangerschaftstest, der alles veränderte.

»Ali und ich hatten noch kurz zuvor in der New Yorker Town Hall geheiratet. Er hatte noch kein Arbeitsvisum für die USA, und so war eigentlich klar, dass ich nun zurück nach Berlin wollte.«

»Hattet ihr die Schwangerschaft geplant?«, wollen Isa und ich wissen.

»Der Klassiker halt: nicht geplant, aber auch nicht verhindert. Und ich war geschockt, dass es so schnell ging«, verrät uns Julia.

»Und der Papa?«, bohre ich nach.

»Ja, der war glücklich.«

Wir nicken zufrieden.

Julia kam also zurück nach Deutschland, wechselte – noch schwanger – zu einer großen Berliner Werbeagentur, bekam ihre Tochter Ella und ging in Elternzeit. Doch nach den ersten Monaten packte es die junge Mama wieder.

»Ich war zu Hause, wippte Ella in einer Babywippe und schrieb mit meiner Freundin Svenja an einem Businessplan für eine eigene PR-Agentur. Eine PR-Agentur, die Labels und Marken in einem urbanen Umfeld vermarktet.«

Der Businessplan war der Grundstein für die beiden Ladys.

»Es ist wichtig, dass du dir gleich von Anfang an klar machst, was du erreichen willst. Außerdem ist der Businessplan wichtig, wenn du Sponsoren für dein Projekt oder Gründerzuschüsse brauchst.«

Das Gute war, dass Julia und Svenja von Anfang an auf ihre alten Kundenkontakte zurückgreifen konnten.

»Wir hatten sofort gut zu tun.«

Spontan muss ich an den milliardenschweren amerikanischen Immobilientycoon Donald Trump denken. Der hat mal gesagt, er investiere nie in etwas, von dem er nichts verstehe. Und fährt damit seit 40 Jahren sehr gut. Auf Deutsch würde man wahrscheinlich sagen: »Schuster, bleib bei deinen Leisten.« Oder deinen Stärken, was vielleicht treffender formuliert ist – denn genau das hat Julia zu der »Big Playerin« gemacht, die sie heute ist. Sie hat über Jahre Kontakte und Erfahrung gesammelt und dann den Sprung in die Selbständigkeit gewagt.

Mir gefällt die Vorstellung, dass Julia das alles in ihrer Elternzeit aufgebaut hat. Das macht mir, mit dem Sohn, der gerade mit seinen Pflaumenhänden die weißen Fensterbänke beschmiert, Mut.

»Das erste Jahr, 2010, war nicht einfach. Ich ging in der neuen Agentur arbeiten, und Ella war noch ein Krabbelkind.«

»Und wie habt ihr das hinbekommen?«, fragt Isa sofort.

»Eigentlich bin ich immer ein paar Stunden arbeiten gegangen, während mein Mann, meine Schwester oder meine Nichte auf Ella aufgepasst haben. Das war recht anstrengend, kein Mittagessen und immer wieder hin und zurück nach Hause. Mal habe ich von ein bis drei Uhr mittags oder von fünf bis abends spät gearbeitet.«

Doch Julia brannte nicht immer nur für ihre Ziele. Eine Zeit lang, kurz bevor sie die Agentur gründete, hatte sie auch ihre Zweifel.

»Als ich bemerkte, dass ich keine PR mehr machen wollte, sagte meine Schwester zu mir, es ist schön, was du willst, aber sieh auch, was du kannst. Darauf habe ich gehört.«

»Und mit dem zweiten Kind, wie wird das?«, frage ich.

»Nun, ich werde erst einmal nach Teos Geburt in Elternzeit gehen. Wir wollten immer ein Geschwisterkind haben und ein drittes … Who knows!«

Julia muss los. Es ist fast zwei Uhr. Zurück an die Arbeit und dann zum Laternenumzug ihrer Vierjährigen.

»Ella bleibt wochentags bis vier in der Kita. Am Wochenende und nachmittags verabrede ich mich dann oft nur sehr spontan, damit wir viel Zeit zusammen haben. Ich hasse lange im Voraus geplante Verabredungen«, sagt sie, als sie anfängt, ihre Sachen zusammenzupacken. »Kunden, die mit uns zusammenarbeiten, müssen akzeptieren, dass ich um vier Uhr gehen muss. Dann gilt: ›Take it or leave it‹, lächelt sie.

Isa und ich beginnen ebenfalls einzupacken. Erst Maxime, dann Friedrich. Ich wundere mich, dass Julia während der zwei Stunden Interview nicht einmal auf ihr Handy geschaut hat. Viele meiner Freunde inklusive mir haben nicht halb so viel wie Julia zu tun und sind ständig mit E-Mails, Facebook oder SMS auf dem Smartphone beschäftigt.

Memo an mich selbst: ändern. Relaxter werden. Ein bisschen mehr Julia. Scheint ja zu klappen. Maxime unterbricht unser Gespräch und beginnt zu nörgeln.

»Der schläft gleich – total müde«, sagt Isa, und zwei Mamis nicken. Und tatsächlich schläft er nach fünf Minuten ein, als wir wieder zurück über die Torstraße Richtung Rosa-Luxemburg-Platz gehen.

»Ich habe ein wirklich gutes Gefühl«, meint Isa.

Und ich weiß, was sie meint, ohne weiter nachzufragen. Denn obwohl Maxime geheult, mit Obst gematscht, Zeitschriften zerrissen und ausgerechnet in den zwei Stunden, in denen ich mal ein kleines Wunderbaby gebraucht hätte, ein echter Quälgeist war, bin ich überraschend entspannt. Vielleicht sollte ich auch mal wieder Yoga machen.

Isas Checkliste für den perfekten Businessplan

Der Businessplan ist ein mehrseitiges Schriftstück, das jeder Gründer braucht, der ein Geschäft, eine Firma oder auch eine Agentur wie Julia gründen will, um sich bei Wunschinvestoren, Partnern und Banken für eine Kreditaufnahme vorzustellen. Aber auch für sich selbst ergibt es durchaus Sinn, sich damit über seine eigenen finanziellen und ideellen Ziele klarzuwerden. Und hier kommen die Bausteine für den perfekten Businessplan:

Zusammenfassung

Die Zusammenfassung steht zwar am Anfang, sollte aber immer ganz zum Schluss geschrieben werden, und am besten auf einer A4-Seite. Sie enthält kurzgefasst die wichtigsten Punkte des Businessplans, von der Produktbeschreibung über das Alleinstellungsmerkmal, den Kundennutzen, die Zielgruppen, das Marktpotenzial, die Konkurrenz, das Gründerteam bis hin zum Kapitalbedarf und der zu erwartenden Rentabilität. Das Geschäftskonzept muss inhaltlich schlüssig beschrieben sein. Wenn die Zusammenfassung gut ist, wird der gesamte Businessplan gern gelesen.

Gründerpersonen

Wer bist du? Wer seid ihr? Warum bist du oder seid ihr die idealen Chefs und die ideale Besetzung für das Unternehmen? Schreib das so, als wolltest du dich bei deinem eigenen Unternehmen bewerben, mit Begeisterung und Power. Welche Ausbildung hast du oder habt ihr? Was sind deine, eure beruflichen Erfahrungen und Erfolge? Welche Kompetenzen könnt ihr nachweisen – persönlich, praktisch, fachlich, kaufmännisch? Der vollständige Lebenslauf und weitere Referenzen können im Anhang beigefügt werden.

Welche Rollen werdet ihr im Unternehmen einnehmen? Und was passiert mit den noch offenen Stellen? Wie werden die besetzt? Gibt es Personen außerhalb des Unternehmens, die wichtige Schlüsselrollen einnehmen? Was passiert, wenn jemand aus dem Gründerteam aussteigen möchte?

Alles steht und fällt mit den Menschen in einem Unternehmen.

Produkt/Dienstleistung

Beschreibe dein Produkt oder deine Dienstleistung in klaren, verständlichen Worten. Auch ein Branchenfremder sollte sofort erfassen, worum es geht. Besonders wichtig ist das Alleinstellungsmerkmal. Was hebt dein Produkt von anderen ab, was macht es besonders? Gibt es Konkurrenzprodukte?

Was ist der Kundennutzen? Welches Bedürfnis wird bedient oder welches Problem wird mit dem Produkt oder der Dienstleistung gelöst?

Wer gehört zu deiner Zielgruppe? An wen genau richtest du dich? Versuche, deine Zielgruppe genau zu definieren, dann weißt du auch schon fast, wie du sie ansprechen musst.

Wie weit ist dein Produkt schon entwickelt? Gibt es schon einen Prototypen? Wenn ja, füge eine Zeichnung oder Fotos bei oder Links, zum Beispiel bei Software oder Webangeboten. Brauchst du besondere Genehmigungen oder Zulassungen? Sind diese bereits beantragt?

In dem Kapitel sollte ganz genau erkennbar sein, wie weit der Stand der Entwicklung ist und welche Milestones noch erarbeitet werden müssen.

Markt

Ganz wichtig – ordne dein Produkt einem Markt oder einer Branche zu, damit das Marktpotenzial, also die Gesamtheit voraussichtlich absetzbarer Mengen eines Produktes auf einem bestimmten Markt, ermittelt werden kann!

Untersuche die bedeutendsten Wettbewerber. Am besten, du suchst dir die drei wichtigsten Unternehmen heraus und stellst in einer Tabelle folgende Kriterien gegenüber: Verkaufsstückzahlen, Umsätze, Preisgestaltung, Wachstum, Marktanteil, Standort, Vertriebsweg, Service und Image. Was sind die Stärken und Schwächen der Unternehmen? Wie könnten die Wettbewerber auf dein Unternehmen reagieren?

Vergiss nicht, alle Zahlen und Informationen mit Quellen zu belegen.

Marketing

Im Marketingkonzept erläuterst du, wie du deine identifizierte Zielgruppe ab dem Markteintritt erreichen und darüber das Marktpotenzial ausschöpfen möchtest. Alle Teile des Marketingmix, also Produktpolitik, Preispolitik, Kommunikationspolitik und Vertriebspolitik, sollten genau beschrieben werden. Der Kunde ist König!

Unternehmensorganisation und Personal

Wer macht was? Eine klare Rollenverteilung lässt frühzeitig erkennen, welche externen Ressourcen notwendig sind und welche Rollen intern zukünftig besetzt werden müssen.

Sobald Mitarbeiter eingestellt werden, ist es außerdem wichtig zu entscheiden, welcher Führungsstil gewählt werden soll. Und was ist mit der Unternehmenskultur? Soll es nur fachliche Teams oder auch interdisziplinäre Teams geben? Wie sieht es mit Hierarchien aus? Welche Arbeitszeiten soll es geben? Wie wäre es zum Beispiel mit einer Vier-Tage-Woche für alle? Für Mütter auf jeden Fall ein großer Vorteil.

Welche Rechtsform wähle ich und wer wird Geschäftsführer? Wo wird das Unternehmen angesiedelt sein? Welche Faktoren sind bei der Standortwahl wichtig?

Visionen und Unternehmenswerte weisen Mitarbeitern klare Richtungen. Flexible Arbeitszeitmodelle sind zukunftsweisend und familienfreundlich.

Finanzierung

Alle bisher beschriebenen Teile des Businessplans werden jetzt in ein Zahlenwerk zusammengeführt.

Zu den wichtigsten Aussagen des Finanzplanes gehören:

- Welche Gewinne und Verluste werden in den ersten Jahren erwartet?
- Ab wann ist die Gewinnschwelle überschritten, ab wann werden also schwarze Zahlen geschrieben?
- Wie hoch ist der Kapitalbedarf? Habe ich überhaupt einen Kapitalbedarf?
- Welche Art von Finanzierung plane ich? Beantrage ich Zuschüsse oder benötige ich einen Investor? Muss ich einen Kredit aufnehmen oder reicht mir das geerbte Geld von Oma?

Für das Zahlenwerk gibt es viele Vorlagen im Internet.

11. Ich stemme eine Großfamilie: Katarina wird Personaltrainerin

Katarina sitzt im Zimmer ihrer Jungs zwischen feuerspeienden Plastikdrachen, Actionfiguren und Polizeiautos und erzählt Isa und mir vom Abnehmen nach dem Stillen, Ganzkörpertraining und wie man trotz Vanille-Soja-Latte-Leidenschaft schlank bleibt. Und wir glauben ihr jedes Wort. Kein Wunder, denn Katarina ist als Personaltrainerin nicht nur wahnsinnig fit und gutgelaunt, sondern mit 33 Jahren bereits Mutter von vier Söhnen.

Aber jetzt mal ganz von vorn. Darf ich vorstellen: Familie Boritzki-Greiner aus Berlin-Pankow. Maximilian ist zwölf, Milan sechs, Mauritz fünf und Mika drei Jahre alt.

Wer ein Foto von Katarina und ihren vier Jungs sieht, einer blonden, frisch aussehenden Frau mit ihren großgewachsenen lächelnden Söhnen, dem geht sofort das Herz auf.

Mit Katarinas Mann ist die Familie komplett, einen Babysitter gibt es nicht, denn dafür mag Katarina kein Geld ausgeben, auch keine Tagesmutter oder Großeltern nebenan. Aber erstaunlicherweise auch keine Spur von Stress oder Müdigkeit in Katarinas Gesicht. Mehr noch: Ihre Strickjacke passt an diesem Tag zu ihrer knitterfreien cremefarbenen Seidenbluse, die wiederum passt prima zu ihren bunten Glanz-Leggins. Ihre Haare sind frisch aufgehellt und geföhnt, als würde sie gerade vom Friseur kommen. Und das mit vier Kindern – Neid!

Großfamilien faszinierten mich schon immer und dabei natürlich besonders die Mütter, die hinter diesen Familien stecken. Meine verstorbene Großmutter aus Frankreich hatte sieben Kinder, die sie alle großgezogen hat. Auf dem Dorf, während und nach dem Krieg. Quasi allein, weil mein Opa tagsüber auf dem Hof hart arbeiten musste. Ich habe nie wieder einen Menschen mit so viel eisenharter Disziplin und Organisationstalent kennengelernt, wie meine Großmutter sie hatte. Sie nähte für alle ihre sieben Kinder die Kleider selbst, nachts an der Nähmaschine, pflegte das Haus, war extrem sparsam und tat niemals Milch in ihren Kaffee, sondern nur einen Löffel Milchpulver, um nach all ihren Geburten schlank zu bleiben. Als ihre Nachbarin starb und vier kleine Kinder zurückließ, holte sie sogar einmal die Woche die Wäsche dieser Familie ab, um sie zu bügeln. Denn die Kinder der Nachbarn sollten genauso ordentlich und in sauberen Kleidern zur Schule gehen können wie ihre eigenen.

Und als Isa und ich an der Eingangstür von Katarinas Altbauwohnung unsere Schuhe auszogen, fühlte ich mich an meine französische Oma erinnert. Schon der Flur sah aus wie die Garderobe eines privaten Kindergartens. Ordentlich aufgereiht stehen Kinderschuhe, Gummistiefel und Pantoffeln in mehreren Schuhregalen. Daneben hängen die Matschhosen und die Regenjacken, im Regal liegen die Schals und die Mützen.

Bei Katarina wollte ich hinter das Geheimnis einer funktionierenden Großfamilie kommen, hatte ich mir vorgenommen, und als ich den Flur diskret scannte, schien mir schon eine Menge über die Wichtigkeit von Ordnung, wie es sie bei mir zu Hause niemals gab, bewusst zu werden.

Es ist elf Uhr, Katarinas Jungs sind alle in Schule und Kita.

Mein mittlerweile ein Jahr alter Sohn Maxime, den ich mal wieder zum Interview mitnehmen musste, weil in seiner Kita-Gruppe eine Scharlach-Epidemie ausgebrochen ist, verschwindet gleich im gemeinsamen Spielzimmer der drei kleineren Jungs, wo er zwischen Hunderten von Spielzeugen den wohl schönsten Vormittag seines Lebens verbringen wird.

»Setzen wir uns doch einfach zu ihm, dann kann Maxime toben, und wir können das Interview machen«, sagt Katarina ganz pragmatisch.

Tja, und da sitzen wir nun, und ich beginne, nach und nach die ganze Fülle der Organisation der Vierfach-Mutter zu verstehen. Zuerst fallen mir die Hochbetten der Jungs ins Auge. Vier Betten nebeneinander, alle gemacht wie bei den Heinzelmännchen.

»Warum sind die Betten gemacht?«, frage ich Katarina scherzhaft. »Und warum ist hier eigentlich alles so aufgeräumt?«, wundert sich Isa. »Ach, Mauritz macht morgens gerne die Betten mit mir. Er sieht das eher spielerisch, als seine Aufgabe. Und abends vor dem Schlafengehen wird eben das Spielzeug weggeräumt. Genau wie wenn die Jungs etwas Neues spielen wollen, dann wird erst das Alte wieder verstaut.«

Ich wünschte insgeheim, ich wäre jetzt schon konsequenter mit Maxime, der noch nicht einmal ahnt, dass es das Wort Aufräumen überhaupt gibt. Auch das Zubettgehen der Jungs ist ein tolles Familienritual bei den Boritzkis. Es wird Abendbrot gegessen, Zähne geputzt, die Pyjamas angezogen und vor dem Einschlafen meistens noch Memory mit Mama gespielt. Katarinas Mann räumt immer abends die Küche auf.

Dank sinnvoller Regeln dieser Art gewinnt Katarina auf jeden Fall Zeit, um sich vormittags bis zum frühen Nachmittag, solange die Jungs unterwegs sind, um ihr berufliches Projekt, ihre neue Karriere als Personaltrainerin zu kümmern.

Knapp zehn Jahre lang arbeitete sie als Fitness-Trainerin bei einer großen Sport-Kette. Jetzt hat sie den Sprung in die Selbständigkeit gewagt. Eine Entscheidung, die sie hauptsächlich wegen ihrer Kinder getroffen hat, um flexibler zu sein. »Letzten Winter waren die Jungs häufiger als gewöhnlich krank, und zu Hause ging gar nichts mehr. Das war sehr schwierig mit der Arbeit im Fitnesscenter. Egal, was man sagt oder ob der Chef netterweise immer wieder beide Augen zudrückt, es kommt natürlich nie gut an, wenn ein Mitarbeiter ständig ausfällt. Und mit vier Kindern hatte es halt immer einen erwischt. Mein Mann meinte irgendwann: Ach, mach' dir doch den Stress nicht mehr, und wir bauen dir was Neues auf.«

Und so kam Katarina auf die Idee, ihre langjährige Erfahrung zu nutzen und Kunden privat zu trainieren. Die Nachfrage in Berlin und auch in ihrer unmittelbaren Umgebung in Pankow war so groß, dass der Start relativ leicht ging. Sehr schnell hatte sie zwei private Kundinnen gewonnen und leitete außerdem einen wöchentlich stattfindenden Kurs in der Volkshochschule und einen in einem Kinderladen in der Nachbarschaft. Die Akquise lief dabei völlig problemlos.

»Ich bin einfach zum Kinderladen hingegangen und habe mich vorgestellt und dort meinten sie: Lustig, dass Sie vorbeikommen, wir brauchen tatsächlich gerade jemanden.«

Diese Woche will Katarina unbedingt noch Flyer im Park aushängen, wo bereits morgens immer eine Mütter-Jogger-Gruppe stattfindet, bei der die Mamas mit einer Art Drill-Instruktor laufen.

Der erste, zweite und dritte Schritt war für sie, sich eine Webseite zu bauen, beim Amt ein Gewerbe anzumelden und eben an so Kleinigkeiten zu denken, wie, dass man für die Flyer eine Genehmigung beim Bezirk einholen muss.

Auf ihrer Webseite erfährt man zum Beispiel, dass Katarina, eigentlich gelernte Augenoptikerin, ihr Hobby Sport zum Beruf gemacht hat.

Sie war 16 Jahre alt, als ihre Mutter anfing, sie mit ins Fitnessstudio zu nehmen. Und das gefiel ihr ziemlich gut. Als Jugendliche hatte die Vierfachmutter Bulimie, und der Sport gab ihr ein besseres Körpergefühl, was ihr half, die Krankheit zu überwinden. Und so gehörte das 60-Minuten-Programm an den Geräten schnell zu ihrem Alltag. Als sie 20 wurde, lernte sie ihren ersten Mann kennen und bekam ihren ältesten Sohn Maximilian.

Drei Monate nach seiner Geburt fing sie wieder an, Sport zu machen. In einem Sportstudio an der Schönhauser Allee in Berlin. Dort fiel Katarina schnell einem der Trainer auf.

Eigentlich wollte sie nach Max' Geburt die zehn Kilo, die sie von der Schwangerschaft noch drauf hatte, wieder abnehmen und hatte natürlich viele Fragen zu den Übungen. Sie hinterfragte wohl so viel, dass ihr Trainer ihr irgendwann alle Unterlagen für einen Fernlernkurs zur Fitness-

Trainerin mitbrachte und meinte: ›Das ist genau das Richtige für dich‹.«

Und Katarina zog es durch. Ein Jahr lang besuchte sie die Wochenend-Seminare der Akademie, lernte zu Hause für die Prüfungen und legte diese dann schließlich auch erfolgreich ab. Mit ihrem Sohn klappte das ganz gut. Sie lernte abends und an den Wochenenden, wenn sie zu Seminaren fahren musste, konnte der Papa aufpassen. Auf diese Weise machte Katarina in wenigen Jahren auch ihre sogenannte Aerobic-B-Lizenz, ihren Schein für Aqua-Training und arbeitete schon bald in Festanstellung als Trainerin bei einer großen Sport-Kette.

Bald allerdings als Alleinerziehende. Ihre junge Ehe ging in die Brüche. »Wir waren beide noch zu jung«, sagt sie heute. Zwei Jahre später traf Katarina dann ihren jetzigen Mann Martin, ihr Arbeitskollege aus dem Marketing. Groß, durchtrainiert, Anzugträger und eigentlich überhaupt nicht ihr Typ.

»Wir machten immer Witze, so von wegen: Na, wann gehen wir beide denn mal aus und irgendwann antwortete er: ›Okay, morgen Abend, acht Uhr‹«, erinnert sie sich. Das saß! Und Katarina fand's cool.

Nach dem ersten Date waren die beiden sofort ein Paar. Es war wie in einem Märchen. Sie lebten glücklich und zufrieden mit vielen Kindern ...

Katarina wurde schwanger – drei Mal. Es folgte die Hochzeit und ein bis heute glückliches, entspannt organisiertes Leben mit vier Jungs in dieser Pankower Altbauwohnung. Die, wie gesagt, überraschend kompakt und aufgeräumt ist, dafür, dass da vier Jungs tagsüber toben.

»Die Jungs haben feste Rituale. Vor allem morgens und

abends«, erzählt Katarina. Sie sei aber auch eine sehr nachgiebige Mom. Ob Brötchen, kleines Spielzeug oder mal was Süßes – wenn sie mit ihren Jungs unterwegs ist, hat sie immer die Spendierhosen an. Dass Fünfe-gerade-sein-lassen nicht nur sie, sondern auch vier Kinder im Auto oder auf dem Ausflug bei Laune hält, weiß die Großfamilien-Mama natürlich nur allzu gut, und sowieso ist sie gerne unterwegs mit ihrer Viererbande, in ihrem Kiez, wo sie Hinz und Kunz kennt. Wegziehen aus Pankow, ihrem Geburtsort, käme für sie niemals infrage.

Puh! Ich höre Katarina zwar zu und schreibe fleißig in meinen Block mit, aber so ganz durchdringe ich es noch nicht. Wie schafft man es, das alles zu vereinen: Vier Kinder, Selbständigkeit, keine Putzfrau, dafür aber immerhin einen Mann, der jeden Abend nach Feierabend die Küche aufräumt.

»Es ist alles eine Frage der Organisation und auch mal nein sagen zu können. Das war für mich immer das Schwierigste im Leben«, sagt Katarina. Damals, als sie noch bei der Fitness-Kette arbeitete, habe sie das noch nicht gekonnt. Mal nicht die Spätschicht annehmen, mal keine Vertretung machen – immer habe sie zu allem ja gesagt. Heute bereut sie das. Ich habe echt viel Zeit verstreichen lassen, die ich mit meinem damals noch kleinen ersten Sohn Maximilian hätte verbringen können. Das mache ich eben heute anders.«

Ihre Kraft hat sie deshalb nicht eingebüßt. Katarina hat wirklich Superwoman-Kräfte, wie folgende Anekdote aus ihrem Leben zeigt: Im Sommer 2007, ihr zweiter Sohn Milan war gerade zur Welt gekommen und schlief leider immer nur bis morgens um fünf Uhr. Statt zu verzweifeln, schnapp-

te sich Katarina den Kinderwagen und ging mit dem schrei-
enden Baby spazieren. Anderthalb Stunden und vier
U-Bahn-Stationen lang, bis zu einem Kaffeeladen an der
Schönhauser Allee.

»Da gibt es nämlich Vanille-Soja-Latte. Das war immer
meine Belohnung. Und mein Mann und Maximilian konnten noch zwei Stunden weiterschlafen.«

Loslaufen um fünf Uhr morgens, knapp fünf Kilometer – für einen Vanille-Soja-Latte um halb sieben. Isa und
ich sind beeindruckt. Haben wir noch Fragen? Nee, irgendwie nicht …

Tipps von Katarina für ein gutes Körpergefühl als Mama

- Du hast nach der Geburt wieder einen normalen Stoffwechsel. Sagt Katarina. Und es stimmt. Rein medizinisch gesehen ist dein Stoffwechsel nach einer Schwangerschaft wieder auf null gestellt. Diäten, die du davor gemacht hast, oder das viele Snacken in der Schwangerschaft, das deinen Zucker in die Höhe getrieben hat, sind quasi aus der Erinnerung deines Körpers gelöscht. Du schwitzt jetzt viel, hast eine gute Fettverbrennung, die durch das Stillen logischerweise noch angekurbelt wird, verarbeitest die Nahrungsmittel und verbrennst die Kalorien perfekt. Alles, was du jetzt noch tun musst, ist, deinen nagelneuen Stoffwechsel dazu zu nutzen, dich gesund zu ernähren, und deine restlichen Schwangerschaftskilos sind bald verschwunden.

- Ganz wichtig: Kein Abnehmstress, denn jetzt gehört die Zeit dir und deinem Baby.

- Dennoch kann man sich vornehmen: alles essen, aber in Maßen. Klar ist nämlich auch (oder sollte es zumindest sein), dass jetzt auch nicht der Zeitpunkt gekommen ist, das große Nutella-Glas anzubrechen, jeden Tag Chips zu essen oder insgesamt mehr zu futtern als in der Schwangerschaft. Denn das setzt an. Richtig an. Leider. Warum, siehe nächster Punkt.

- Denn auch ich war dem Trugschluss aufgesessen, dass Stillen schlank macht beziehungsweise man sich rund 800

Kalorien extra gönnen könne, wenn man voll stillt. Zahlen, die man immer wieder im Internet liest – aber: Pustekuchen!

Katarina erklärt die (nachgewiesene) Faustregel: Zwei Drittel aller Frauen nehmen in der Stillzeit ab, ein Drittel erst nach der Stillzeit.

- Trotzdem empfiehlt Katarina unbedingt, sich jeden Tag etwas zu gönnen. Einen Sahnepudding, ein Eis von der Eisdiele, ein heißes Bad, einen Film ausleihen, ein neues Kleidungsstück kaufen – was auch immer gerade guttut. Denn schließlich haben wir als Mama gerade Wundervolles geleistet, ja, Leben geschenkt, da ist so ein kleines Designer-Täschchen oder ein neues Rouge wohl kaum übertrieben.

12. Vernetzt Euch!

»Ich stehe auf der Liste«, sage ich. Und die Rezeptionistin mit dem asymmetrischen Pony antwortet: »Sie werden im siebten Stock erwartet.« Ich nicke, gehe am Empfang mit den schwarzen Wänden vorbei zum Aufzug. Das SOHO House in Mitte ist supermondän. Entweder, du bist Mitglied, oder jemand, der Mitglied ist, hat dich auf die Liste gesetzt. Sonst kommst du nicht rein. Und weil deswegen zwischen den riesigen englischen Clubsesseln im Kaminzimmer, an der Bar und am Pool kein öffentlicher Durchgangsverkehr, sondern eine verschwiegene Atmosphäre herrscht, in der man relativ inkognito bleiben kann, tummeln sich hier nicht nur alle wichtigen Kreativen und hochrangigen Geschäftsleute der Stadt, sondern auch mal der ein oder andere Hollywoodstar.

An diesem gewöhnlichen Mittwochmorgen treffe ich Yasmine Orth, die mich mit einem herzlichen Lächeln begrüßt, als ich mich der Sofaecke, in der sie mit ihrem Laptop sitzt, nähere. Sie selbst sieht das SOHO House übrigens etwas pragmatischer, als Ort, an dem sie gut ihre Meetings, ihr Networking, ihre Yoga-Praxis und die Spa-Besuche unter einem Dach verbinden kann, sagt sie.

Yasmine ist in bestimmten Berliner Kreisen bekannt wie ein bunter Hund, wie sie selber sagt. Und das seit über zehn Jahren. Seit einer Dekade verbindet sie die smartesten kreativen Macherinnen, wie sie ihre Zielgruppe nennt, stellt sie einander vor und sorgt dafür, dass sie Kontakt halten. Erfolgreiche Gründerinnen, furiose DJanes, Yogaleh-rerinnen, Mode-Designerinnen, Journalistinnen und Meinungsmacherinnen aus allen Bereichen – die ehemalige Chefin einer Booking-Agentur brachte sie zu Hunderten in ihrem *Goerlzclub* zusammen, noch bevor das Wort »Netzwerken« überhaupt in den allgemeinen Sprachgebrauch übernommen wurde. Heute hat der Club rund 1500 Mitglieder.

Den Wunsch, sie zu treffen und für mein Buch zu interviewen, hatte ich, seitdem Isa mir das erste Mal von ihr erzählte. Denn wer könnte Müttern – wie mir und uns – besser den Zusammenhang zwischen Erfolg, Intuition und den richtigen Begegnungen zur richtigen Zeit erklären? Natürlich Yasmine, die eben nicht nur eine Primaballerina auf dem schnelllebigen Berliner Society-Parkett ist, sondern zu Hause auch einfach nur »Mama« gerufen wird.

Eine »moderne Salonfrau«, schrieb *Die Süddeutsche* über sie, »die Herrin der Gästelisten«, die während der Fashion Week VIP-Partys organisiert. Sie selbst sieht sich als eine (Über-)Lebenskünstlerin, die ihr Leben immer aktiv gestaltet hat und in Interessen und Lösungen von Herausforderungen denkt. Sie hat schon immer gerne beobachtet, wie gesellschaftliche Bedürfnisse Bewegungen produzieren oder selbst welche initiiert – und dabei hat sie immer auch eine soziale Nachhaltigkeit im Auge.

So zieht sie zwar die Fäden hinter den Kulissen der hippsten Openings und Happenings der Hauptstadt, legte aber in ihrem Berufsleben immer Wert auf die leisen Töne und Diskretion. Ein einseitiger Zeitungsartikel nur über sie – das entsprach bisher überhaupt nicht ihrer Eigenwahrnehmung. Nach einer langen inneren Reise, durch die sie immenses Selbstvertrauen in ihren professionellen und persönlichen Weg gefunden hat, gehört dieser selbstbewusste Schritt nach Außen jedoch jetzt genauso dazu.

Yasmine spricht leise, und jedes ihrer Worte wirkt sehr bedacht. Ihre Sätze sind zum Mitschreiben. Direkt in den Block. Sie spricht von Yoga und Bewusstheit, davon, dass alles in ihrem Leben und in ihrem Denken intuitiv passiert, von ihrer Suche nach Weiblichkeit, von Trauer und Verlusten und davon, dass ein Buch über ihr Leben »Finding Trust« heißen müsste. Sofort ist klar, dass es zwischen der Oberflächlichkeit, dem Party-Lärm, den Bussi-Bussi-Empfängen zu Wodka-Mischgetränken, dem Geschäft mit Events und Blitzlicht und der zierlichen Person mit vielen Sommersprossen, einer Glatze und Kopftuch, die offensichtlich völlig in sich ruht, keinen stärkeren Kontrast geben könnte.

Und trotzdem gehören sie zusammen. Yasmine, die Natur und das gesellschaftliche Leben. Yasmine und ihr abgeschiedenes Wochenendleben mit ihrer Tochter und vielen befreundeten Nachbarn, in ihrer Datsche auf einer Insel im Tegeler See. Um neue Ideen entwickeln zu können, braucht sie einen Ort der Ruhe, von dem aus sie von außen auf die Großstadtgeflechte und das Gewühl blicken kann, sagt sie. Genauso wichtig seien Meditation und Yoga für sie. Yoga ist der Seismograph ihres aktuellen Zustands. Geht es ihr gut und ist sie fokussiert, gelingen die Balancefiguren auf der Matte, geht es ihr schlecht oder grübelt sie zu viel, kommt sie aus dem Gleichgewicht.

Yoga gehört auch zu ihrem Business, betont sie gleich zu Beginn des Gesprächs, es hat sie Disziplin und Loslassen gelehrt, und in den vier Stunden unseres Gesprächs lerne ich einen großen Ausschnitt des Systems Yasmine kennen. Ich blicke hinter ihr Erfolgsgeheimnis und die Balance, die zwischen ihrem Privatleben als alleinerziehende Mama mit Kinderfrau, Mitte-Appartement, Datsche, Kita und ihrem vielseitigen Arbeitsleben herrscht. Denn in Wirklichkeit hat Yasmine viele Jobs. Sie betreut den von ihr initiierten Co-Working-Space *Château Fou*, arbeitet als Guest Managerin für exklusive VIP-Events wie zum Beispiel Partys für *Mac Cosmetics* mit Beth Ditto oder für *William Rast*, das Denim Label von Justin Timberlake, und schließlich managt sie auch noch das von ihr gegründete Netzwerk *Goerlzclub*.

Das eine kann nicht ohne das andere, das Laute nicht ohne das Leise und auch keine Yoga-Schülerin und Mutter – das weiß ich aus eigener Erfahrung – ohne Exzess.

»Von Yasmine können wir echt eine Menge lernen«, habe ich Isa nach dem Gespräch am Telefon gesagt. Und damit meinte ich nicht nur die Essenz der Lebensgeschichte einer sehr außergewöhnlichen Frau, die ihren Beruf als *Creative Connector* – wie auch ihre Agentur heißt – selbst erfand, sondern vor allem auch, dass ich die Notwendigkeit erkannte, dass wir Frauen uns gegenseitig helfen müssen, um das, was wir tun, besser tun zu können. Sich zu Netzwerken, Clubs, Gruppen, Treffs oder was auch immer zusammenschließen, machen Männer schon seit Jahrhunderten, in Herrenclubs, Sportvereinen oder nach Feierabend in Kneipen: Sie »klüngeln«, wie der Kölner sagen würde, oder tauschen sich aus und helfen sich gegenseitig in beruflichen Dingen, ohne daraus großes Aufheben zu machen – eine alltägliche Selbstverständlichkeit. Bei Frauen ist das noch selten.

Und so kam die frisch nach Berlin gezogene Yasmine vor neun Jahren auf die Idee, eine Mail an 30 ausgewählte Frauen, Leuchttürme aus der damaligen elektronischen Musikszene, zu richten, mit der Idee, einen Club für *Kreative Macherinnen* zu gründen. Mit unter den 30 Auserwählten waren zum Beispiel die Elektro-Ikonen und DJanes mit eigenen Labels Monika Kruse und Ellen Allien.

Yasmine war damals gerade 26, angekommen in einem Berlin, in einer Stadt, in der wie heute alles noch im Aufbruch war. Die Techno-Szene mit der Love Parade um die Siegessäule, wo sie auch später einen eigenen Wagen veranstaltete, und Clubs wie das WMF und das Watergate waren auf dem Höhepunkt ihrer Feiereien. Ihre Booking-Agentur *Orange Ape*, die sie aus Köln mitgenommen hatte und die Künstler wie Warren Suicide und Kate Wax betreute, vermischte sich mit der neuen pulsierenden Hauptstadt wie eine homogene Masse, und sie bekam Lust auf mehr. Weil jeder an den Wochenenden irgendwie zusammen feierte, sich kannte, küsste und umarmte, aber doch in seinem eigenen Kiez für sich »sein eigenes Ding« lebte und mit der Großstadtisolation zu kämpfen hatte, fand Yasmine, es sollte mehr sein – und so entstand ihr *Goerlzclub*-Verteiler, ein kreatives Netzwerk mit der Mission vom »Miteinander anstatt Nebeneinander«. Erst als offener E-Mail-Verteiler, dann oft als 30-seitiger Newsletter, den Yasmine wöchentlich mit den für die Zielgruppe relevanten Hauptstadtthemen und Gästelistenplätzen für Parties und die schicksten Ausstellungen zusammenstellte. Er deckte soziale Bedürfnisse wie Jobs, Wohnungen, Kreativwettbewerbe ab und zeigte schon früh den Trend der Berliner Yogabewegung und von nachhaltiger Lebensweise auf.

Damals wollte sie allerdings nur der Motor sein, die Initialzündung. Jedoch zeigte sich schon bald, dass es der Start für eine sich konstant entwickelnde Vision sein sollte, die für die moderne Weiblichkeit steht und lebt. Es entstand eine Community, ein sogenannter Membersclub für registrierte Mitglieder.

In den Jahren zuvor war sie bereits durch die unterschiedlichsten Szenen und Städte geflossen, war ein Teil von ihnen geworden, hatte auf Ibiza und bei *Viva* viele Leute aus der Musik-Branche einschließlich der DJ-Ikone Sven Väth kennengelernt, natürlich viel gefeiert und dabei konsequent und diszipliniert ihre berufliche Laufbahn weiter verfolgt, die immer vermittelnd oder veranstaltend ihre Spuren hinterließ.

Yasmine wuchs zwischen zwei Kulturen als Tochter einer Deutschen und eines Inders, die Restaurants betrieben, in Ratingen bei Düsseldorf auf. Die Eltern trennten sich früh, ihr Vater war ein ziemlicher Hallodri, wie sie selbst sagt, der ihr aber zwei wichtige Dinge beigebracht hat: spielerisch durchs Leben zu gehen und Mut zum Unkonventionellen zu zeigen. Von ihrer Mutter wiederum erbte sie ihr Wertesystem und ihr Organisationstalent. Während ihrer Kindheit wurde ihr in ihrem Elternhaus viel Stress und Streit zugemutet. Yasmine erlebte ihren ersten Schicksalsschlag und verlor mit 13 Jahren durch ein traumatisches Erlebnis ihre Haare, die bis heute, jetzt mit Mitte 30, nicht nachgewachsen sind. Eine Autoimmunerkrankung, sagen die Ärzte, tiefsitzende Ängste, die erst den Körper wieder komplett verlassen müssten, sagt ihre spirituelle Heilerin, die sie alle halbe Jahre konsultiert.

Sie selbst sieht es genauso, trug in ihrer Jugend Perücken

und heute Kopftücher, ihr Markenzeichen mittlerweile, war seitdem konstant auf Entdeckungsreise zu sich selbst und zu ihrer Berufung und ist dabei oft unkonventionelle Wege gegangen. Es ist mitunter sicher auch die Abwesenheit ihrer Haare, die diesen außergewöhnlichen und schönen Menschen unterstreichen, sie vielleicht auch in den 2000er-Jahren zu einem »It-Girl der Techno-Szene« machten und zu der gut vernetzten Geschäftsfrau, die sie heute ist.

Sie habe damals wie heute den Fokus auf Frauen gelegt, erzählt sie, weil sie zum einen nach ihrer eigenen Weiblichkeit suchte und gleichzeitig fasziniert war von den vielen großartigen Frauen, die diese Stadt hervorbrachte. Aber es war auch die Erkenntnis, dass berufliches und unterstützendes Netzwerken unter Frauen nicht wirklich etabliert war, und sie sich in das Ideal verliebte, Frauen müssten ihr Einzelkämpfertum ablegen und viel häufiger etwas füreinander und miteinander tun. Im Grunde löste Yasmine, im Jahre 2004 wie auch heute, mit ihrem Newsletter, der eher an ein Magazin erinnert, eines der ersten Kommunikationsprobleme der entstehenden Überforderung einer digitalen Welt. Jeder hatte damals schon hunderte E-Mails im Postfach, aber keinen Überblick. So war plötzlich alles in einem Newsletter, alles aus einer Hand des Vertrauens, gestaltet mit Stil und Ästhetik. Die Mitteilungen, Anfragen, Anzeigen und Tipps waren gut sortiert zusammengestellt und mit kleinen persönlichen Anmerkungen von Yasmine versehen und machten noch dazu Spaß.

Es hätte auch immer so weitergehen können bis heute, wäre nicht wenig später eine zweite Zäsur in Yasmines Leben erfolgt, die sie die nächsten Jahre beruflich kürzer treten ließ. Ihrer krebskranken Mutter ging es immer schlechter, jedes Wochenende pendelte Yasmine nach Düsseldorf, ins Krankenhaus, in die alte Heimat, bis sie ihre Mutter schließlich in ein Sterbehospiz nach Berlin verlegen ließ, wo sie im Januar 2006 starb. Ihre Mutter bis zum Tod zu begleiten, prägte Yasmine, aber es war ein großes Geschenk, wie sie heute selber sagt. Es begann eine Zeit der Selbstreflektion und Konfrontation mit ihrer Identität. Wie hätte sie danach ihr Partyleben als Bookerin, ihren hedonistisch orientierten Alltag einfach so weiterführen können? Die Antwort lautet: Gar nicht. Oder zumindest nicht in dieser Form.

So schloss sie Mitte 2008 ihre Booking-Agentur, auf deren Website noch heute ein herzliches Abschiedsschreiben zu finden ist, und eröffnete ihre Agentur *Creative Connectors*, die sie bis heute, neben ihrem *Goerlzclub*, dem Kommunikationsmedium nach außen, führt. Durch sie wurde Yasmine das, worüber heute die Zeitungen und Blogs schreiben. Die für viele sagenumwobene Frau, die mitentscheidet und bestimmt, wer auf den wichtigsten Gästelisten der Stadt steht. Für die exklusive Bar *Tausend* übernahm sie das Gästemanagement, in der *Berlin Arena* richtete sie zur Fashion Week die Party des Kosmetikkonzerns *4711* aus. Neben Gästemanagement organisierte Yasmine Salons, Vorträge, Seminare, Filmnächte über Yoga-Frauen, machte Head-Hunting und Job-Scouting für große Firmen und natürlich wichtige interessante Menschen miteinander bekannt. Außerdem schuf sie als weitere Konsequenz der Vernetzung 2009 einen Raum für das gemeinsame Arbeiten: den Co-Working-Space *Château Fou*.

Und auch das hätte immer so weitergehen können, eine

Aneinanderkettung relevanter Festivitäten, Händedrücken, Diskussionen, Yoga und Reisen, immer mit hoher Geschwindigkeit und viel kreativem Output, hätte das Leben der Kreativen nicht wieder eine, diesmal umso glücklichere, Zäsur erfahren, eine Entschleunigung, wie sie nicht intensiver hätte sein können.

Ende Dezember 2009 wurde Yasmine überraschend schwanger. Der Mann, mit dem sie diese Liebesnacht verbrachte, war nicht ihr Freund, sie war Single und ihr Lebenstakt überhaupt nicht auf ein Kind eingestellt. Und es war sicher nicht ihre Traumvorstellung, auf diesem Weg Mutter zu werden. Wie so oft in ihrem Leben sollte es wieder eine große Herausforderung werden. Aber sie erkannte sofort, dass sie die Mutterschaft erfahren sollte, um die Themen ihrer Arbeit, der Weiblichkeit und auch ihrer Vergangenheit besser verstehen und durchdringen zu können. Wie sie heute selber sagt, startete dort die wirkliche Reise in ihr Selbstvertrauen und vom Ich ins Wir.

Das Ungeplante in Yasmines Leben führte sie durch eine glückliche und bewusste Zeit während ihrer Schwangerschaft, einer Mut- und Vertrauensprobe bei einer natürlichen Fuß-Steißlagengeburt ihrer gesunden Tochter, vielen persönlichen und finanziellen Herausforderungen einer Alleinerziehenden nach der Geburt bis heute, vielen Yoga-Stunden für ihre innere Balance und gleichzeitig zu ihrer größten beruflichen Chance.

Durch ihre Rolle als Mutter erfuhr sie nicht nur die Notwendigkeit, sondern auch die Inspiration, den *Goerlzclub* auf ein neues Level zu heben, und hat das letzte Jahr konsequent an einem ganzheitlichen und professionellen Konzept gearbeitet. Längst geht es ihr um mehr als nur darum, zu vernetzen und Synergien zu schaffen.

Im Zentrum stehen die Themen und Bedürfnisse erfolgreicher Frauen und ihrer verschiedenen Rollen, die sie jeden Tag zwischen Sandkasten, Beruf und dem ganzen Gemischtwarenladen an Verpflichtungen zu spielen haben und die eine Menge Organisation und Kraft kosten. Aber es geht auch um das Schöne und Spielerische, Genuss und Spaß und darum, sich selbst wertzuschätzen. Auf Träume und Neigungen dieser Frauen reagieren zu können und sie zu fördern, ist Yasmines neues Ziel geworden. Neben dem Newsletter und einer Agentur, die sich mit der »modernen Frau« und Jobrecruiting beschäftigt, gibt es nun unterschiedliche Salonformate, bei denen es zum einen um Kinder geht und die es den Müttern ermöglicht, ihre Kontakte besser pflegen zu können. Aber auch der dazugehörige Mann wird weiterhin integriert und eingeladen, mal zu Hotel-Events, mal zu Markenpräsentationen oder in Bars. Sie hat nach wie vor tausend Ideen im Kopf, mit denen sie in den nächsten Jahren wieder bleibende Akzente im unstetig wachsenden Berlin setzen will.

Das Treffen mit Yasmine hat mich nachdenklich gemacht. Was genau ist das Besondere an ihrer Art zu kommunizieren? Ich bin auch ständig in Kontakt. Ich bekomme und schreibe jeden Tag viele Mails, bin über Facebook laufend im Austausch mit Leuten. Und dennoch habe ich immer wieder das Gefühl, außen vor zu bleiben und nicht am »richtigen Leben« teilzunehmen. Ich beneidete Isa immer sehr, die neben ihren Online-Projekten regelmäßig Einladungen wahrnimmt und auch einfach mal Termine im Netz findet und entdecken geht. Ob es jetzt eine Lesung ist, ein Vortrag, ein Stehempfang in einer Galerie oder eine Party.

Es ist derselbe Mechanismus, der auch hinter Yasmines Erfolg steckt. Sie hat ihren Hauptsitz in der digitalen Welt und streut von dort aus Informationen. Aber tatsächlich auch nur, um das Leben in der echten Welt allen und sich zu erleichtern. Und ob ihre Kontakte jetzt Fiona Bennett, Angelika Taschen, Jana Pallaske, Susi, Gabi oder Annegret heißen, am Ende zählt eben die Grundidee.

Ihr Credo ist es, sich auszutauschen, füreinander da zu sein, sich weiterzuhelfen und zu empfehlen, aber vor allem: sich zu treffen. Im echten Leben und nicht nur im digitalen. Am Ende des Tages nichts anderes, was auch eine Sheryl Sandberg in ihrem Frauenkarriere-Bestseller predigt. Tut euch zusammen, passt aufeinander auf und lehnt euch rein, verfolgt eure Ziele – gemeinsam! Denn so seid ihr stark und könnt etwas für euch und für alle bewegen.

Und vor allem: traut euch. euch als Mutter neu zu erfinden, weil da draußen nichts ist, was euch nach einer Geburt, dem Kampf mit einem Kleinkind, geschweige denn mit einem Teenager noch erschrecken könnte.

Und ich rufe jetzt mal Isa an und frage sie, was sie heute Abend vorhat. Ich meine, das kann doch nicht wahr sein, dass ich schon wieder am Rechner sitze!

Yasmines Tipps fürs Netzwerken, gute Kontaktpflege und ein erfülltes Leben

• Multitasking, Digitalisierung & Fokus

Ich glaube, dass die Digitalisierung, genauso wie die Technik oder auch unser Verstand, ein ganz wunderbares Werkzeug ist, um unser Leben zu vereinfachen oder zu strukturieren, aber keines davon sollte uns dominieren, sonst überfordern und verzetteln wir uns konstant durch ständige Erreichbarkeit und Kontrolle. Auch wenn es immer wieder Disziplin erfordert, versucht euern Fokus zu finden und bewusste Quality-Time der jeweiligen Rolle zu schenken, die ihr in dem Moment spielt. D. h. sind wir Mama, ist Zeit fürs Kind angesagt, sind wir Geschäftsfrau, wird gearbeitet, sind wir mit unserem Partner zusammen, schenken wir diesem den Fokus, feiern wir und lassen uns mal fallen, sind wir einfach mal die wilde oder genießende Frau – ohne schlechtes Gewissen. Wenn alle Rollen ihre ausreichende Wertschätzung bekommen, dann kann man jede Rolle auch voll genießen.

• Zeit für dich selber und dein inneres Wachstum

Ich glaube daran, dass es das größte Geschenk für dein Kind ist, dich selbst zu heilen und verstehen zu lernen. Um die Welt zu retten, solltest du dich erst mal selber retten. Um Verantwortung für andere zu übernehmen, musst du erst mal völlige Verantwortung für dich selbst übernehmen. Das kann natürlich parallel passieren, es ist ein ständiger Prozess. Ich hatte schnell das Gefühl, dass ich nicht nur eine Tochter auf die Welt bringe, sondern auch zur Mutter geboren werde. Eine neue

Rolle für mich, in die ich von heute auf morgen reingeworfen wurde und mit der ich mich jeden Tag neu auseinandersetzen muss und die ich auch manchmal überhaupt nicht mag, weil mir meine Freiheit und Unabhängigkeit immer sehr wichtig waren oder sind. Ich habe aber schnell, schon während der Schwangerschaft, v. a. durch Seminare erkannt, dass es eine wertvolle Zeit ist, eine Chance, alte Muster zu lösen, die ich von meinen Eltern übernommen hatte und die ich nicht meiner Tochter weitergeben wollte. Dein Kind ist dein Spiegel. Und das, was mich meine Tochter gelehrt hat, ist vor allem Vertrauen.

Daher mein Credo: Happy moms have happy kids!

• Geduld, Intuition und freimachen von Erwartungen der Anderen

Die größte Herausforderung für mich war und ist es, geduldig zu sein. Mit diesen wertvollen Prozessen und der Zeit des Mutterwerdens. Nichts ist so wie früher. Ich wollte schnell wieder mein altes Leben, arbeiten, alles integrieren, Geld verdienen, hatte zig Ideen, aber war oft überfordert, alles unter einen Hut zu bekommen, unter Druck und nur funktionierend, war manchmal hilflos. Und das war weder ich selbst, noch mein Umfeld von mir gewöhnt.

Ich war aber auch einfach nicht die Mutter-Kind-Café-Mutti. War immer aktiv. Luca schlief hinter meinem Schreibtisch in der Wiege oder ich habe sie zu Konferenzen mitgenommen, wollte auch zeigen, dass ich mich und mein Kind nicht aus meinen geschäftlichen Aktivitäten als Selbstständige ausschließe, habe mir einen Ort im Grünen geschaffen als Ausgleich, den Co-Working-Space, um mit anderen zu arbeiten etc. Je länger ich Mutter bin, desto entspannter werde ich. Ich weiß heute, manche Prozesse brauchen einfach Zeit. Ich glaube, es ist nicht umsonst so, dass wir 9 Monate brauchen, um ein Kind auszutragen. Dass wir verzettelt sind während dieser Zeit oder der Stillzeit, um einfach den Fokus besser halten zu können. Ich finde auch, dass wir uns viel mehr wertschätzen sollten für das, was wir geschafft haben, und uns nicht ständig vorwerfen sollten, was wir (noch) nicht geschafft haben.

Aber jeder muss das für sich selbst entscheiden. Und das ist das Wichtigste: Selbst zu entscheiden, was und wie wir es wirklich wollen. Und sich von den Erwartungen oder dem Druck der anderen freizumachen, ob man eine Auszeit nehmen möchte oder früh wieder arbeitet, und trotzdem langsam in die neue Rolle mit allen Aufgaben zu wachsen. Hört auf euer eigenes Bauchgefühl, eure Intuition und macht es so, wie ihr meint, dass es für euch richtig ist.

- **Vision, Sinn, Disziplin, Drive, Ausprobieren, Vorbilder, Organisation, Kinderbetreuung, Netzwerk, Vertrauen**

Ich glaube, ganz wesentlich sind: Einen Sinn zu sehen, in dem, was du tust. Kraftvoll wäre eine starke Vision. Einen Plan zu machen, Ziele zu definieren. Aber es sollte eine Mischung sein aus Planen und Flow, offen zu sein ohne starre Konventionen und sich vom Leben überraschen zu lassen.

Disziplin aufbringen, ohne verbissen zu sein, immer wieder reflektieren, warum die Dinge vielleicht so nicht ganz so gut laufen.

Wenn du keinen eigenen Antrieb hast, schaff dir Anlässe, geh zum Sport, zum Yoga. Nimm dir Zeit für Sauna und Wohlfühlerlebnisse, um großzügig zu dir selbst zu sein.

Probiere Sachen aus, setze Ideen um, ohne Angst vor dem Scheitern zu haben oder etwas falsch zu machen. Das Leben ist dafür da, um es zu erfahren. Nur aus eigenen Erfahrungen lernen wir wirklich, auch wenn andere uns vorher zig Mal gewarnt haben oder wir es irgendwo gelesen haben. Wir handeln am Ende doch aus unseren Erfahrungen und Mustern heraus.

Mach dich nur selbständig, wenn du es vorher auch schon warst oder die Strukturen stimmen, d. h. wenn du etwas Geld zur Seite gelegt hast oder einen guten Versorger hast, wenn du eine gute Kinderbetreuung hast, die bei Krankheit einspringen kann, oder wenn du die richtigen Berater hast und das richtige Konzept und vielleicht Gründungskapital bekommst oder die Kunden schon anstehen.

Wenn du bisher nicht über das nötige Organisations- und Strukturierungstalent verfügst, suche dir einen Mentor oder Coach, der dir hilft, das zu lernen. Besuch Seminare. Den meisten Frauen, die in Städten leben, fehlt oft die eigene Familie, d. h. wir brauchen weibliche Mentoren, gute Vorbilder, sind auf gute Lebenskonzepte und -entwürfe angewiesen, die inspirieren und zeigen, wie eine gesunde Work-Life-Balance funktionieren kann. Sucht euch jemanden, dem ihr Fragen stellen könnt, sucht nach einfachen Lösungen und bittet um Hilfe, wenn ihr sie braucht. Keine Scheu!

Ich finde regelmäßige und frühzeitige Kinderbetreuung (auch Familie, Mann etc.), wenn auch wenig am Anfang, ist wichtig, um sich frühzeitig Zeit für diese Coachings, für sich, sein Berufsleben, seine eigene Struktur, seine Defizite und neu entdeckten Qualitäten zu nehmen.

Schafft euch euer eigenes Netzwerk, schöpft aus dem Kapital, das euer Netzwerk bietet. Tauscht eure Services miteinander, z. B. Beratung gegen Graphik, es muss nicht immer Geld fließen. Hört zu, werdet selber aktiv und wartet nicht, dass euch jemand die Blumen ans Bett bringt! Trefft Euch zu Lunchmeetings, sprecht miteinander über Berufliches, fragt nach

Erfolgsrezepten und Lösungen! Wir müssen nicht immer alles alleine machen, um unsere Unabhängigkeit zu zeigen.

Vertraut euch gegenseitig, vertraut unserem weiblichen Geschlecht, redet nicht schlecht über andere Frauen, Mütter (auch nicht über Männer), es reicht, dass die Männer uns jahrhundertelang nichts zugetraut haben, vertraut den Kompetenzen anderer toller Frauen, vertraut anderen Müttern und vor allem, vertraut euch selbst und euerm eigenen Weg und habt Mut, euch in das Spiel, das Abenteuer des Lebens zu begeben. Wir können nur gewinnen, denn das, was wir verlieren, brauchen wir auch nicht mehr.

III.

Die beste Mutter der Welt – das bist du!

1. Und jetzt reicht's!

Ich hasse den Begriff Burn-out. Er klingt mittlerweile so banal, weil er durch seine Dauerpräsenz in den Medien fast schon modisch geworden ist. Und deshalb rede ich lieber von meinem Erschöpfungszustand. Maxime war nach einer heftigen Lungenentzündung gerade wieder aus dem Krankenhaus entlassen worden und wir kehrten von einem Wochenende bei meiner Familie zurück, da passierte es: Mir wurde plötzlich schwarz vor Augen.

Nein, ich war nicht gestresst. Zumindest glaubte ich das damals. Ich war am selben Morgen mit einer Freundin brunchen gewesen, hatte mir eigens dafür sogar einen Babysitter engagiert. Übertriebener Luxus, dachte ich und gönnte es mir trotzdem. Kurz nachdem ich die Babysitterin verabschiedet hatte, wachte Maxime aus seinem Mittagsschlaf auf. Ich hob ihn aus seinem Gitterbett und legte ihn auf den Wickeltisch, als mich plötzlich ein Schwindel überfiel und das Gefühl, als würde mir ein dunkler Schleier über die Augen fallen. Ich schaffte es gerade noch, den mittlerweile 11 Kilo schweren Maxime an mich zu drücken, bevor ich, mit dem Rücken an die Wand gestützt, einigermaßen kontrolliert in mich zusammensank. Was für ein Schock.

Selbst der nach dem Mittagsschlaf sonst so nölige Maxime merkte, dass mit Mama etwas nicht stimmte, und verharrte ruhig an meine Brust gelehnt, anstatt wie sonst sofort wegzurennen, sobald seine Füße den Boden berührten. Hatte ich es in den letzten Wochen übertrieben? Wochenendtrips, Kita-Eingewöhnung, Buch schreiben, Interviews führen und dann wieder mal ein paar unschöne Streits mit Pausti – war das dann doch alles etwas zu viel gewesen? Eine Frage, die ich mir in den folgenden Tagen immer wieder stellte.

Als ich schweißgebadet und weinend auf dem Badezimmerboden hing, tauchte plötzlich eine ganz neue Sorge auf: Was würde mit Maxime passieren, wenn mir mal etwas zustoßen sollte? Für Mütter eine Horror-Vorstellung, die mich wachgerüttelt hat: Ab sofort musste ich mehr auf mich achtgeben. An diesem Nachmittag rief ich sofort meine Mutter an und fuhr mit letzter Kraft im Taxi zu ihr und legte mich den Nachmittag über auf ihre Couch. Ich aß ihre Bioäpfel, sie machte mir Kräutertee und Maxime spielte mit meinen alten Stofftieren aus Kindertagen.

Auch in den folgenden Tagen versuchte ich, das Leben möglichst simpel zu halten, mich so richtig zu erholen und die Zeit mit meinem Baby zu genießen. Ich machte es mir den ganzen Tag über gemütlich, hielt mit Maxime Mittagsschlaf und ging abends um neun Uhr ins Bett. Im Haushalt erledigte ich nur das Nötigste und hatte maximal eine Verabredung am Tag. Und diese Erfahrung war wichtig! Denn ich habe so am eigenen Leib erfahren, dass Entschleunigung zwischendurch dringend notwendig ist. Der Alltag zwischen Job, Privatleben und Beziehung ist ohnehin schon sehr kompliziert, und als junge Mutter wird das Leben ja noch komplexer. Da merkt man morgens vor dem Badezimmerspiegel, während einem das Kleinkind am Bein hängt und frühstücken will, dass man keine Windeln mehr hat oder dieses blöde Familienposter für die Kita immer noch nicht fertig ist.

Und dann ist auch noch die Küche ein Desaster aus dreckigem Geschirr und Essensresten auf dem Boden mit einem Kühlschrank, der schon wieder leer ist, und einem Wohnzimmer, das man unter Spielzeug und Bücherbergen kaum noch erkennt. Um nicht unterzugehen – oder wie in meinem Fall – erschöpft zusammenzubrechen, hilft es manchmal nur, Dinge einfach sein zu lassen oder auf Sachen zu verzichten. Bisher war es mir eigentlich immer wichtig, unsere Wohnung gemütlich und chaosfrei zu halten. Aber ich merkte ziemlich schnell: Perfektionismus und Kleinkind passen nicht zusammen. Da hilft nicht einmal Multitasking.

Immer mehr junge Mütter sind psychisch krank, weiß Marlene Ruprecht, die Kuratoriumsvorsitzende des Müttergenesungswerkes aus ihrem beruflichen Alltag zu berichten. In einer Pressemitteilung ihres Hilfswerkes erklärte sie, dass die Zahl jener, die an Erschöpfung, Depressionen oder Schlafstörungen litten, in den vergangenen acht Jahren um rund ein Drittel gestiegen sei. Schuld seien der wachsende Zeitdruck, die Doppelbelastung in Beruf und Familie und die mangelnde Anerkennung für all die Arbeit.

Aber auch mit seinem persönlichen Ehrgeiz kann man sich oft im Weg stehen. Denn im Gegensatz zu der Generation unserer Mütter setzen wir uns heute zu sehr dem Druck »mehr wollen zu sollen« aus. Karriere und Kind gleichzeitig? Das sollte man doch locker hinbekommen! Und immer richtig gut aussehen, perfekt gelaunt sein und am Wochenende noch Freunde treffen? Na klar, selbstverständlich! Statt uns selbst zu verwirklichen, überfordern wir uns. Häufig, weil wir denken, dass unser Umfeld von uns erwartet, in allen Bereichen perfekt zu sein. Der Druck von außen ist teilweise enorm. Wir vergleichen uns mit den anderen Mamas, denen anscheinend alles so mühelos gelingt, anstatt einmal nachzufragen. Und dabei bin ich sicher, wenn man einmal beginnt, von den eigenen Problemen und auch Ängsten zu sprechen, die das Leben als junge Mama mit sich bringt, würde man sehen, dass man damit überhaupt nicht alleine ist. So ging es auch mir, als ich Isa von meinem Schwarz-vor-Augen-Vorfall berichtete.

»Ehrlich«, meinte sie besorgt. »Ich kriege in solchen Situationen immer Herzrasen.«

Neulich, erzählte sie mir dann, war ihr Sohn Friedrich krank, schlimm krank, eine Angina, eigentlich hätte er ins Krankenhaus gemusst, wenn die Berliner Kliniken im Januar nicht ohnehin hoffnungslos überbelegt wären.

»Die Ärztin meinte, Friedrich müsse pünktlich um 12 Uhr sein Antibiotikum bekommen. Es war Viertel vor 12. Ich rannte mit dem Rezept in die erste, in die zweite, in die dritte Apotheke. Keine hatte das Medikament vorrätig«, erzählte sie. Parallel dazu klingelte Isas Handy nonstop. Geschäftspartner, ihre Grafikerin, ihre Freundin – alle wollten sie gleichzeitig erreichen. »Ich hatte plötzlich Schweißausbrüche und meine Hände zitterten. Ich musste sogar kurz das Auto parken, bis es vorbei war.«

Auch meine Kumpeline Anni, die drei Kinder hat, erzählt mir oft: »Ja, ja, da habe ich wieder den ganzen Tag geheult. Sind halt so Tage.«

Eine anonyme Leserin schrieb mir jüngst – als Reaktion

auf einen Artikel, den meine Freundin Lisa online über meine Erschöpfungszustände veröffentlicht hatte:

Die Wäsche müsste noch in die Maschine, die Küche geputzt werden und das Katzenklo hab' ich auch noch nicht gemacht. Aber – das wird heute so bleiben! Ich mach mir ein Kirschkernkissen warm, leg es in den Nacken, lehn mich zurück und surfe auf Facebook. Ach Mensch, die Caro in Berlin. Heute vielleicht auch nicht ihr Tag?! Geht es nicht nur mir so?! Und Sabine in München und Kerstin in Frankfurt und Melanie in Stuttgart, so viele, die sich heute vielleicht fragen: Warum? Wieso geht mir heute nix von der Hand? Wieso bin ich so müde und zerschlagen und lustlos? Und die Kita und die Schule und mein Fitness-Studio, das schon seit 'nem halben Jahr auf meinen Besuch wartet. Und überhaupt und sowieso … Das Leben könnte doch so schön sein!? Das Leben kann so schön sein! :) Man muss einfach versuchen, ein bisschen mehr Entspannung reinzubringen, Nein zu sagen, Ja zu sich selbst und darauf zu vertrauen, dass die »SOLIDARISCHE MÜTTERENERGIE« – auch via Facebook funktioniert! :)

Ich mag die Mail bis heute sehr und danke der anonymen Pippilotta, sie hier in Auszügen teilen zu dürfen.

Denn jetzt mal ehrlich: Muss das denn sein? Schwarz vor Augen, Schweißausbrüche, Herzrasen, am Ende vielleicht sogar totale Überforderungen und Depressionen? Nein, natürlich nicht! Es ist wunderbar, ehrgeizig zu sein und viel zu wollen, aber man muss auch seine Grenzen kennen und vor allem auf sich achtgeben. Mir zumindest ging es nach zwei Wochen durchhängen tausend Mal besser.

Aber vor allem blieb eine wichtige Erkenntnis haften, die ich bis heute beherzige: Versuche in deiner Freizeit, aber auch im Alltag, nicht um jeden Preis beschäftigt zu sein!

Zehn Tipps, wie Mama mit (und auch trotz) Kleinkind entspannen kann

- Aufwachen: Besorge Dir dunkle, lichtundurchlässige Vorhänge. Jedes Baby oder Kleinkind, das nicht um sechs Uhr morgens (besonders im Sommer!) vom ersten Sonnenstrahl geweckt wird, schläft, laut sehr vieler Mütter-Erfahrungsberichte, mindestens eine Stunde länger. Und Mama logischerweise dann auch!

- Morgens im Bad: Wenn du müde bist, stress' dich nicht stundenlang zwischen Duschkabine und Wickeltisch. Dein Bambino kommt auch mal ein, zwei Tage ohne Vollbad aus und man selber kann das Duschen morgens auch mal überspringen. Und waren nicht die besten Tage unserer Kindheit die, an denen wir, solange es ging, morgens im Pyjama rumhängen durften? Junior wird dir das kleine Manko an Pflege zumindest bestimmt nicht übelnehmen ...

- Frühstück: Zu erschöpft zum Brote schmieren? Oder erst gar kein Brot im Haus? Was soll's! Mach ein besonderes Ereignis daraus und sag' zu deinem Spatz: »Sooo, heute gehen Mama und ihr Baby beim Bäcker fein auswärts frühstücken. Jaaaa und es gibt Schokobrötchen, ausnahmsweise ...«

- Schluss mit dem schlechten Gewissen: Wenn Mama müde ist, muss sie sich erholen. Dann bleibt Junior eben mal eine Stunde länger in der Kita, darf fernsehen oder geht im Buggy (Bestechung mit Saft, Snacks und Süßigkeiten inklusive) halt mal ein paar Stunden durch die Geschäfte bummeln. Sei egoistisch und sag deinem kleinen Liebling, dass heute mal Mama-Tag ist!

- Am Nachmittag: Gönn' dir einen Babysitter – auch wenn's nur mal für ein oder zwei Stunden ist. Geh zum Frisör, zur Massage oder ins Spa, tu einfach, was dir guttut. Das Plus an guter Laune und Energie, das du danach hast, sind die Kosten für den Babysitter allemal wert.

- Kleine Bestechung: Gib deinem Kleinkind etwas ganz Besonderes zum Spielen. Das kann ein Teller gekochter Nudeln sein, den es (ausnahmsweise) auf einer Plastik-Unterlage verteilen darf, ein (am besten altes) Handy oder auch der nicht angeschlossene Staubsauger. Der Kreativität sind da bitte keine Grenzen gesetzt.

- Geh raus: Viel an die frische Luft. Das tut der Mama gut und macht auch das Baby schöööön müde.

- Besuche Freunde mit kleinen Kindern. Für einen schönen Spielnachmittag mit einem Mama- oder Papa-Freund gilt nicht nur, dass die Kinder Spaß haben, sondern auch, das geteiltes Leid halbes Leid ist. Die Erwachsenen können quatschen, Kuchen essen und rumsitzen, während die Kinder rumrennen, krabbeln, sich bestaunen und kennenlernen. Wir nehmen uns hier gerne ein Beispiel an den Pariser Müttern, die im Gegensatz zu den deutschen und US-amerikanischen Müttern nicht IM, sondern AM Sandkasten sitzen.

- Abends: Entscheide Dich für das gute alte »deutsche Abendbrot«, für das Mama nicht kochen muss. Es gibt Brote mit Wurst oder Käse – und wenn Junior noch zu klein ist, dann eben mal den guten alten Instant-Baby-Grießbrei. Und wie viele Vitamine der doch hat! Steht alles hinten auf der Packung. Da braucht Mama nun wirklich kein schlechtes Gewissen wegen gesunder Ernährung und so zu haben.

- Gute Nacht! Und die gute Nacht beginnt für das Baby früh! Besonders, wenn Mama auch sehr müde ist. Am besten um sieben oder halb acht, noch bevor Junior übermüdet und dann überdreht ist.

- Und dann: Selber ab ins Bett! Wie, schon um 21 Uhr? Na logo: Früh zu Bett gehen ist schließlich das neue Lange-Ausschlafen für Mütter.

2. Und sie lebten glücklich und zufrieden

»Dürfen wir Ihrem Sohn Paracetamol verabreichen, wenn er über 38,5 Grad Fieber hat?«, fragte mich die nette Dame mit dem Polo-Shirt beim Ausfüllen des Formulars. Ich verstand nicht ganz und zögerte. »Wenn er über 38,5 Grad Fieber hat, dann rufen Sie mich bitte an.« Die Dame lächelte. »Ja, aber, wenn Sie gerade mit Ihrem Mann auf einem Tagestrip sind, dann muss er nicht warten, bis er das Medikament bekommt …«

Nach kurzem Zögern nahm ich den Stift und unterschrieb an entsprechender Stelle. Danach ging alles ganz schnell. Ich konnte Maxime gerade noch seine Babypuppe geben, bevor die Dame ihn auf den Arm nahm und mit ihm verschwand. Kinderbetreuung à la française!

Ich wurde ja selbst von einer französischen Mutter großgezogen, aber manchmal finde ich die Selbstverständlichkeit, mit der meine Landsleute ihre Kinder abgeben, doch etwas krass.

Kurz nach meinem »Schwarz vor Augen«-Zwischenfall hatten Pausti und ich eine Woche Urlaub in der Provence gebucht. Sieben Tage all-inclusive bei einer großen französischen Urlaubskette, um den Berliner Fröstel-Temperaturen zu entkommen und endlich einmal ein paar Tage Auszeit zu dritt, aber auch zu zweit zu haben.

Und so kam es, dass Maxime mit der Bärchen-Gruppe im Mini-Club Bekanntschaft machte. Jeden Morgen ab neun Uhr konnten die Kinder dort abgegeben werden. Dann wurden Bollerwagen-Ausflüge durch die Frühlingsnatur der Provence gemacht, im Mini-Restaurant Mittag gegessen und in kleinen Bettchen Mittagsschlaf gehalten. Die mühevolle sogenannte Eingewöhnungsphase, die sich in deutschen Kitas ja gerne mal vier Wochen hinziehen kann, wird hier einfach weggelassen.

Ja, ich höre sie schon, die Stimmen der Eltern mit den alternativen Erziehungsformen, die mich jetzt wahrscheinlich beschimpfen wollen und mir etwas von neurologischen Schäden an meinem Kind aufgrund dieser Erfahrung erzählen werden ...

Aber offen gestanden fühlte es sich zwar am Anfang etwas komisch, aber auch gut und richtig an. Maxime war mittlerweile 16 Monate alt und konnte schon sehr wohl ausdrücken, was ihm gefiel und was nicht. Und bei der Aussicht, mit seinem Papa mal ein paar ruhige, vielleicht sogar romantische Stunden haben zu können, bekam ich vor Vorfreude eine Gänsehaut.

Tja, und so wurde es dann auch: romantisch. Pausti und ich schlenderten die nächsten Tage Arm in Arm durch das französische Dörfchen, aßen immer im selben kleinen Café am Marktplatz zu Mittag, bestaunten die pittoresken Häuser und natürlich auch die Boutiquen und hatten, wieder im Hotelzimmer angekommen, meistens sogar Nachmittagssex. Gegen drei holten wir Maxime dann im Mini-Club ab. Anfangs schmollte er dann zwar immer ein bisschen und würdigte uns auf dem Rückweg im Buggy keines Blickes, aber als wir vor dem Abendessen zu dritt noch auf dem Bett rumtollten und Blödsinn machten, hatte er das schon längst wieder vergessen ...

Es tat gut, endlich einmal etwas Entspannung zu finden und zu merken, dass das Leben mit Kleinkind nicht immer nur eine reine Kraftprobe war. Ich hätte nie gedacht, dass ich diesen Satz einmal sagen würde, aber: Fünf Tage all-inclusive-Urlaub ohne Geschirrspüler einzuräumen, ohne Wäsche waschen, ohne Spielzeug und Essensreste wegzuräumen, ohne öffentlichen Verkehrsmitteln hinterherzuhetzen, ohne Supermarkt-Einkaufsstress sind schon ein Stück vom Mama-Himmel. Nicht mehr und nicht weniger.

Am allerbesten aber tat der Urlaub unserer Beziehung. Also Paustis und meiner. Anderthalb Jahre nach Maximes Geburt, 500 Streits und Zoffereien merkten wir: Es gibt uns noch. Abgekämpft und zerrupft wie zwei alte Veteranen, die so einige Schlachten, vor allem gegeneinander, geschlagen hatten. Aber dennoch und gerade deswegen immer noch zusammen, und zwar mit einem Lächeln im Gesicht. Wir hatten unseren persönlichen Baby-Clash überstanden.

Baby-was? Na, der Baby-Clash! So nennen die Franzosen das, was jedes Paar zwei Jahre nach der Geburt ihrer Kinder durchmacht. Sie sehen sich zu wenig, sorgen sich nur ums Baby, haben viel Streit. Die Mama ist müde, der Papa genervt – ein Klassiker!

Französische Paare sagen sich dann: »Chéri, das sind nicht wir, es ist der Baby-Clash«, und vertragen sich (meistens) wieder.

Isa und ich haben mal darüber unter Freundinnen gesprochen und sind zu dem Ergebnis gekommen, dass man sich im ersten Jahr mit Baby eigentlich jederzeit sofort trennen kann. Gründe dafür gibt es täglich genug. Und Streits definitiv. Entweder man gibt diesen Impulsen nach und trennt sich, oder man reißt sich immer wieder zusammen, weil man sich liebt.

Isa und ich können stolz auf uns sein und glücklich, dass unsere kleinen Familien den Baby-Clash so unbeschadet überstanden haben. Ich habe zwar keine zuverlässige Statistik über die Trennungsraten von Paaren im ersten Babyjahr gefunden – wo soll man da auch ansetzen – allerdings sollen diese laut Experten, wie der Gründerin des Mütter-Hilfe-Vereins *Wellcome,* Rose Volz-Schmidt, erschreckend hoch sein, in manchen Artikeln liest man sogar von einer Trennungsquote von 50 Prozent.

Während unseres gemütlichen Frankreich-Urlaubs dachte ich viel über das Savoir-Vivre, über meine ganz persönliche Work-Life-Balance nach. Wie könnte ich es schaffen, immer so entspannt und glücklich zu sein und nicht wieder in die alte Stress-Tretmühle zurückzufallen? Könnte ich aus den Tagen hier etwas lernen und mitnehmen? Wieder zurück in Berlin, hörte ich mich um und sammelte Tipps. Eine Freundin zum Beispiel stellt sich ein Bild von ihrem Kind auf den Schreibtisch, damit es sie immer daran erinnern, für wen sie arbeiten geht und wer an erster Stelle kommt. Ich selber habe mir vorgenommen, – soweit es geht – Streit mit dem Liebsten zu vermeiden. Typische Alltags-Streitthemen lassen sich umgehen, indem man beispielsweise Lebensmittel online kauft. Fast jede große Supermarktkette bietet diesen Service zu einer geringen Liefergebühr an. Überhaupt ist es hilfreich, sich zu fragen, welche Dinge man sinnvoll wegorganisieren kann, um mehr Zeit für seine Familie und sich zu haben. Und der wichtigste Tipp bleibt aber, sich eine Betreuung zu organisieren, der man zu 100 Prozent Vertrauen schenkt, denn sonst kann man sich nicht einmal eine Minute lang sinnvoll auf seine Arbeit konzentrieren.

So ging es zumindest mir. Um dieses Buch zu Ende zu schreiben, brauchte ich eine Tagesbetreuung für Maxime. Nach seiner Lungenentzündung hatte ich beschlossen, dass er keinen Fuß mehr in seine alte Kita setzen würde. Also begann ich auf den einschlägigen Internetseiten (ihr findet sie unter den Tipps zu Kapitel II 3) mit der Suche nach einem Babysitter. Ein Desaster, denn keine der Frauen, die uns zum Kaffeetrinken und Kennenlernen besuchten, kam in Frage.

Eine fragte mich mehr nach der Kunst an unseren Wänden als nach Maxime. Die Nächste war dermaßen anorektisch und aufwendig gestylt, dass ich mir nicht vorstellen konnte, dass sie jemals mit Maxime im Sandkasten wühlen würde. Nummer drei war dann eher von der kühlen Sorte. Sie lächelte während unseres Gesprächs kein einziges Mal und würdigte Maxime keines Blickes.

Ja, und als ich schon aufgeben wollte, kam Lola. Südamerikanerin, 30, tolles Lächeln und wunderschöne braune lange Locken. Sie zog ihren Rucksack aus und sagte, dass sie erstmal einen Kaffee bräuchte. Ich fand das zwar sehr bestimmt, stellte mich aber trotzdem gleich mal an die Espresso-Maschine.

»Ich schaue mir Maxime erst einmal an und lasse ihm Zeit«, sagte sie, und ich erfuhr nebenbei, dass sie in den letzten sieben Jahren den halben Prenzlauer Berg betreut hatte. Ganz klar: Lola war ein echter Profi. Aber das Wichtigste war, ich konnte ihr vertrauen. Wenn Lola da ist, mache ich meinen Kopf babymäßig aus und denke nur an meine Arbeit. Und deswegen ist seitdem meine goldene Regel für Babysitter, wenn das Bauchgefühl beim ersten Kennenlernen nicht stimmt: Vergiss es! Wenn man selbst aber sofort denkt, die könnte auch meine Freundin sein, dann ist sie die Richtige.

Doch können wir wirklich alles haben, wenn wir uns helfen lassen?

Nach Anne-Marie Slaughter, die bis 2011 Chefin des Planungsstabes des State Departement der US-Außenministerin Hillary Clinton war, ist die Antwort auf diese Frage ein klares Nein.

Die 53-jährige zweifache Mutter beschreibt in ihrem provokativen Essay »Why women still can't have it all«, wie sie ihre Spitzenposition in Washington hinwarf, um sich ihrer Familie zu widmen. Slaughter ist allein aufgrund ihrer beruflichen Position sicherlich eher ein Ausnahmefall, ein Punkt ihrer Argumentation gilt jedoch für alle berufstätigen Mütter: Der Tag hat nur 24 Stunden, und volle Konzentration und Aufmerksamkeit sind oft schwer teilbar.

Johanna, die ich während unseres Urlaubs in Frankreich kennenlernte, beantwortet diese Frage, anders als Slaughter, mit einem klaren Ja.

Johanna kommt aus Polen, lebt mit ihrem Mann, einem Modedesigner, in Paris und arbeitet für einen sehr mächtigen Lobbyisten-Verband. Pausti und ich freundeten uns während unseres Aufenthaltes auf der Ferienanlage schnell mit den beiden an und tranken abends immer den Apéritif zusammen mit ihnen, während ihr gleichaltriger Ivan mit Maxime durch die Lobby tobte.

Während ich mit Johanna plauderte, erfuhr ich viel über

ihr Familienleben: Ihr einjähriger Sohn Ivan geht tagsüber in die Krippe, wird gegen fünf Uhr von seiner Nunu, auf Deutsch: seiner Tagesmutter, abgeholt, und wenn Johanna abends um 20 Uhr zu Hause eintrifft, hofft sie, dass Ivan noch wach ist. Häufig passiert das nicht, weil er oft schon erschöpft vom Tag vorher eingeschlafen ist. So banal es klingt, jede Mutter muss ihren eigenen Weg finden, um mit ihrer Situation zwischen Kind und Beruf umzugehen.

Als wir beim Thema Kinderkrankheiten landeten, erzählte Johanna nebenbei, dass sie neulich eine Woche nach Russland musste, Ivan krank war, sie allerdings froh war, dass die Nunu mit Kinderkrankheiten so erfahren ist. Und da musste ich doch mal kurz schlucken. Eine Woche im Ausland? Und zu Hause einen kranken Einjährigen? Wow, das hätte ich, glaube ich, nie geschafft. Ich hätte dort vor Sorge nicht schlafen können und mich für die mieseste Mutter der Welt gehalten. Oder übertreibe ich? War das mit dem Mutterglück und dem ganzen Stress drum herum am Ende nur eine Frage der Mentalität?

Zugegeben, Johanna mag ein Extremfall sein, auch für französische Verhältnisse, aber die Anekdoten aus ihrem Leben haben mir gezeigt, dass es weder die eine Methode gibt, um Karriere und Kind zu vereinbaren, noch die perfekte Balance zwischen beiden. Vielmehr muss jede Mutter ihren eigenen Weg finden und gemeinsam mit ihrem Kind ausprobieren, wie sie den Spagat hinbekommt, ohne dass einer der Beteiligten zu kurz kommt.

Und wenn Maxime mal wieder einen Tobsuchtanfall bekommt, weil Mama in der eigentlich Handy-freien Zeit nach der Kita einen wichtigen Anruf entgegennimmt, versuche ich ihn zu meinem Verbündeten zu machen, was häufig erstaunlich gut klappt. Manchmal hilft es einfach, wenn man seinem Kind sein Verhalten erklärt. Ich gehe also erst mal nicht ans Telefon, schnappe mir meinen Sohnemann und sage ihm: »Maxime, wenn Mama nicht arbeiten kann, dann gibt's auch nichts, womit wir Spaghetti Bolognese, Bananen und Spielzeug wie deinen kleinen Staubsauger einkaufen können. Verstehst du das?«

Und wenn Klein-Maxime dann durch die Nase schnauft, das Kinn runterdrückt und so was wie »Jioa« sagt, dann könnte ich ihn immer fast totknuddeln vor Glück …

8 Tipps für die Work-Life-Balance als berufstätige oder viel beschäftigte Mama

- Schluss mit dem schlechten Gewissen! Sofort! Für immer! Jetzt! Es mag ja zahlreiche Studien geben, die beschwören, wie schädlich Kitas oder eben die abwesende Mutter für die Entwicklung eines Kleinkindes seien aber es gibt auch andere Forschungsergebnisse. Laut einer Langzeitstudie der Uni Bonn bringen die Kinder berufstätiger Mütter bessere Schulnoten nach Hause als Kinder von nicht berufstätigen Müttern. Fazit: Kinder und Jugendliche können sogar von der Berufstätigkeit ihrer Mutter profitieren und sie als motivierend empfinden.

- Schaffe dir und deinem Kind einen geregelten Tagesablauf. Denn darauf kannst du dich und das Kind sich verlassen. Frühstück um halb acht, neun Uhr in der Kita, 16 Uhr abholen, Spielplatz, Einkäufe, Freunde besuchen und dann um 19 Uhr pünktlich zu Bett. Das hört sich sehr spießig an, bringt aber Entspanntheit. Für Mutter und Kind. Die Mutter weiß, wann sie abends spätestens durchatmen kann und nachmittags volle Aufmerksamkeit für ihren Mini haben muss. Das Kind kann sich auf die Zeit mit Mama freuen und weiß: »Jetzt gehört sie mir allein!«

- Und in der Mutter-Kind-Zeit (wenn es geht): Handy aus. Fernseher (fast immer) aus. Und vor allem: Kein Laptop oder auf dem Smartphone doch noch mal die E-Mails checken. Sicher verführt die ständige Erreichbarkeit heutzutage, sich abzulenken, wenn man das dritte Puzzle zum fünften Mal machen muss, allerdings entspannt es auch selbst mal, nicht immer alles auf einmal machen zu müssen. Wir sprachen darüber …

- Momente der Erinnerung schaffen, und seien sie noch so banal. In einem ihrer kleinen Videos beschreibt die US-Mama-Blog-Ikone Gabrielle Blair, wie sie freitagabends mit ihren sechs Kindern und ihrem Mann immer eine »Movie Party«, eine Filmnacht veranstaltet. Klar, geht das Kino für acht Personen ins Kleingeld, und deshalb macht Gabi alias DesignMom das Popcorn selbst, füllt Schälchen mit Chips und Süßigkeiten und lässt ihren Ältesten vor dem Film (den alle in Pyjamas schauen) einen Tusch auf der Trompete spielen. Sie selbst sagt: »Meine Kinder werden später erzählen, dass wir sooo viele Filmnächte veranstaltet haben, und die Erinnerung zählt.«

- Auf müde folgt todmüde, und ab da kommen einem als Mama oft die Tränen. Das ist okay. Jeder ist mal traurig, und das Leben besteht nicht nur aus Sonnenschein. Und wenn die Mutter mal nicht mehr kann, muss das Kind sich halt anpassen. Dann werden abends mal mehr Bücher vorgelesen im Bett als rumgetollt und vielleicht auch mal ein Stündchen oder zwei ferngesehen.

- Spann' deinen Partner ein beziehungsweise Großeltern, Tanten, Freunde. »Wir haben die Gutmütigkeit von Alinas Mutter in den ersten drei Jahren gnadenlos ausgenutzt«, erzählte mir ein Kumpel einmal halb im Scherz. Ich finde den Satz lustig, und ehrlich gesagt mache ich es mit meiner über alles geliebten Mama bis heute genauso. So ist nun mal der Generationenvertrag. Auf dass mir Maxime die Enkel jedes Wochenende vor meiner Haustür ablädt ...

- Tue dir selbst etwas Gutes (und nicht nur dem Kind!). Dein Bambino hat mal wieder einen Bagger für 20 oder eher für 50 Euro bekommen, und die Batterien, die da reingehören, kosten noch mal einen Zehner die Woche. Alles schon erlebt, aber wo bleibst du? Es kann ja irgendwie auch nicht sein, dass Junior angezogen ist wie ein kleiner Halbgott und Mama sich noch in ihre Schwangerschaftsjeans zwängt. Also Schluss damit, und ab in den nächsten Klamottenladen. Bitte ohne Zwischenstopp in der Kinderabteilung!

- Tue Dinge (oder zwing' dich dazu), die du ohne Kind geliebt hast. Wie tanzen gehen, mit der besten Freundin frühstücken gehen und dann Schaufenster schauen, stundenlang in der Buchhandlung abhängen oder mal in die Sauna oder im Sommer mal alleine ins Freibad. Ja, das IST wichtig. Denn nur, wenn du weißt, wer du bist, kannst du auch eine gute Mami sein!

3. Die Zukunft der Mompreneurs

Es war der Flug AB 2949 am Mittwochmorgen von Köln/Bonn nach Berlin-Tegel. In der Wartehalle vor dem Boarding-Bereich ein Nadelstreifen-Wald, wohin das Auge blickte. Aktentaschen, Smartphones, Trenchcoats, Kaffeebecher, auch ein paar High-heels – und dazwischen eine Mutter mit schmutzigen Spiel-platz-Turnschuhen und zerzauster Hochsteckfrisur, die ihrem Kleinkind hinterherläuft: Ich mal wieder – wer sonst. Ausgerech-net heute, an diesem zähen Reisetag, sollte mir allerdings be-wusst werden, dass wir Mütter das Feld auf ganzer Linie gewon-nen hatten und bald sogar noch sehr viel mehr passieren würde.

Nachdem endlich der Schalter am Gate geöffnet wurde und Maxime sich widerwillig vom Bällebad im Wartebe-reich getrennt hatte, warteten wir also im Gang der Ma-schine, als es plötzlich passierte.

»Oh«, sagte der Manager-Typ mit dem dicken Bauch, als er mit seinem Ellenbogen Maximes kleinen Kopf traf, wäh-rend er dabei war, seinen Koffer in das Fach über seinem Sitz zu verstauen.

Wie dumm, dass wir auch gleich hinter ihm stehen muss-ten. Und mit einem Baby auf einem Businessflug kann ja nun wirklich keiner rechnen.

Arschloch!

Maxime weinte glücklicherweise nicht, aber dafür platz-te mir der Kragen. »Hauptsache, der Koffer ist schön ver-staut«, sagte ich bissig.

»Das ist jetzt echt ein blöder Spruch«, antwortet der Typ.

»Sie hätten sich ja wenigstens mal entschuldigen können. Ich glaube, das hat er verdient«, antwortete ich und deutete auf Maxime, der immer noch brav ohne zu Weinen auf meinem Arm saß.

»Sie haben mich ja nicht zu Wort kommen lassen«, kam zurück. Und Schnitt: Der öffentliche Schlagabtausch war beendet. Wir gingen aneinander vorbei.

Erstens, weil wir uns nichts mehr zu sagen hatten, jeder von uns beiden seinen Punkt gemacht hatte, und zweitens, weil die Leute hinter uns im engen Flugzeuggang warteten, endlich weitergehen zu können.

Und während ich dann endlich mit Maxime meinen Sitzplatz einnahm und noch grübelte, ob ich vielleicht übertrieben reagiert hatte, setzten sich zwei smarte junge Typen mit silbernen Apple-Notebooks, Modell groß, schwer, viel Speicherplatz und mehrere tausend Euro wert, auf die zwei freien Sitzplätze neben uns.

Wie Maxime und ich unterscheiden sich die beiden eindeutig von den übrigen Passagieren. Sie hatten zwar die teuersten Laptops auf dem Flug, ihre Sneakers waren jedoch noch älter und dreckiger als meine, ihre Jeans voller Löcher und ihre blonden Lockenfrisuren hingen ihnen – etwas anders als bei den übrigen Mitreisenden der Marke Schnösel-Kammfrisur – vor den Augen.

Einer der beiden schloss sofort Freundschaft mit Maxime, blödelte mit ihm rum, was mir die beiden sofort noch sympathischer machte. Kaum hingesetzt, klappten die Jungs also ihre riesigen Macs auf und fingen an zu arbeiten.

Hochkonzentriert. Von null auf hundert, einfach so. Ihre

Finger flogen über die Tastatur und ich riskierte, während Maxime mein Gesicht knetete, unauffällig einen Blick auf ihre Bildschirme. Waren die beiden vielleicht die nächsten Mark Zuckerbergs, die da gerade das neue Facebook erfanden?

Je länger ich sie beobachtete, desto mehr wurde mir klar, dass es sich hier nur um zwei junge Gründer eines Online-Start-ups handeln konnte.

»Ihr seid Start-up-Gründer«, schoss es plötzlich aus mir raus. Die beiden Typen lächelten konspirativ und nickten. Sie gaben mir ihre Karte, wir kamen ins Gespräch, ich musste allerdings versprechen, dass ich das Start-up hier und auch anderswo nicht namentlich erwähnen würde. Und versprochen ist versprochen.

Aber weiter im Text: Wir sprachen also. Ich erzählte, dass ich gerade von einer Lesetour aus Köln kam, der eine erzählte von seinem sechs Monate alten Sohn, wir witzelten über Privatjets mit Klettergerüsten, die wir uns irgendwann mal leisten können wollten. Und da war er dann: Der Moment, in dem ich mir ziemlich gut gefiel. Als Mutter. Autorin. Bloggerin. Einfach so.

Und einfach so gehörte ich plötzlich auf diesen Flug. Den Businessflug nach Berlin-Tegel am Mittwochmorgen. Genauso wie Isa, die gerade ihren jüngsten Sohn Friedrich in die Kita eingewöhnte und gleichzeitig ebenfalls ein Start-up gründete. Ihr Mütter-Jobportal *workyoulove*, das sie mit Hilfe von Fördergeldern und Coaching-Programmen aufzog.

Und dann dachte ich an Theresa, die gerade für den WDR im Schnitt saß, an Katarina, die in dieser Woche ihr Bootcamp in Pankow startete, an Julia, Günes, Christin und all die anderen Moms, die Isa und ich im letzten Jahr kennenlernen durften.

So kitschig es klingt, aber ich hatte das Gefühl, dass die Welt dabei war, sich zu verändern. »Lean In« von Sheryl Sandberg, ein Buch, das Frauen dazu ermutigt, trotz Kind in Führungspositionen zu arbeiten und Karriere zu machen, wurde gerade ein internationaler Bestseller. Und Deutschland war vor wenigen Monaten, laut Statistik des Forschungskonsortiums *Global Entrepreneurship Monitor* (GEM), zum Land der Gründerinnen erklärt worden. Laut der Studie soll im Jahr 2011 die Zahl der weiblichen Unternehmer bei 4,5 Prozent aller 18- bis 64-jährigen Menschen landesweit gelegen haben. Unter dem Strich war somit die Gründungsaktivität der Frauen gestiegen und die der Männer gesunken.

Und mehr noch: Laut der KfW-Bankengruppe haben im vergangenen Jahr knapp 49000 Berliner den Schritt in die Selbständigkeit gewagt. Die Zahl der weiblichen Neugründungen stieg in diesem Zeitraum um 10 Prozent, was Berlin zur Hauptstadt der Gründerinnen macht.

Und das wird tatsächlich auch spürbar. Allerorts. Mal auf dem Mittwochmorgen-Flug, mal in den Großraumbüros der Stadt, auf der Straße, ja sogar auf dem Spielplatz. Wie neulich.

Es war der erste warme Frühlingsnachmittag am Kollwitz-Spielplatz und fühlte sich an wie früher am ersten Schultag nach den Sommerferien. Alle waren sie da, trugen neue Klamotten, hatten viel erlebt und viel zu erzählen. Anna, Celestine, Katja, Rena, Sophie, Julika, Leila und ich. Unsere Kinder tobten im Sand zwischen Klettergerüst und Schaukeln, als wollten sie einander beweisen, wie gut sie mit einem Jahr schon rennen konnten, und wir Mamis lächelten uns den ganzen Nachmittag einfach nur an.

Da waren wir also wieder. Weniger müde, besser gelaunt und wesentlich cooler als noch vor einem Jahr im Spätsommer, als unsere Babys mit gerade mal etwa acht Monaten vor uns im Sand erste Krabbelversuche machten. Wir bildeten uns damals ein, wir würden schon bald wieder ganz wie früher arbeiten, bummeln, einkaufen, manchmal auch feiern gehen und ein Stück unseres alten Lebens problemlos zurückbekommen.

Die Kita oder eine Tagesmutter sollte es möglich machen. Wir hatten noch keine Ahnung von Kinderkrankheiten, Eingewöhnungsproblemen in der Kita, Nahrungsmittelallergien, Trotzphasen, Unfällen, wochenlangem Fiebermessen, plötzlichem schwallartigen Erbrechen, Hustennächten, Trinkverweigerern und den Streit am Tisch um das (wenigstens) eine Broccoli-Röschen.

Aber siehe da: Wir hatten es überlebt! Und zwar alle. Das ein oder andere graue Haar (ausgerechnet bei mir!) war zwar dazugekommen, das ein oder andere Sorgenfältchen bei der anderen und manche – siehe da, diese ewigen Optimisten – waren sogar wieder schwanger …

Aber, wir sahen gut aus und fühlten uns auch so, wir tapferen Mamas!

Und noch etwas war passiert: Nicht nur die Babys waren zu Kleinkindern geworden, sondern wir, die Mamas, waren eben nicht mehr nur die Girls aus Berlin-Mitte, Zürich, London, Hamburg, Bonn, Lübeck und Kiew, sondern standen (gerade in zentimetertiefem Sand) unsere Frau. Anna war in ihr Architektenbüro zurückgekehrt, von Pauline hörte man, sie reise gerade für ihr frisch gegründetes Online-Portal auf eine Holzspielzeugmesse nach Leipzig, und Celestine erzählte, sie wolle bald für ihr Theaterstück wieder Regieassistenz machen und plane ein eigenes Theaterlokal. Ich schrieb ein Buch, würde dann wieder studieren und meinen Job als Redakteurin wieder aufnehmen. Ich erzählte von Isa, die gerade für ihr *workyoulove*-Portal unterwegs sei und die Kinder beim Papa zu Hause. Wir waren, ja, Mensch, nennen wir es doch beim Namen: Mompreneurs!

Die vielbesprochenen Frauen, denen wir zu Anfang schon ein Kapitel gewidmet haben, die wir kennengelernt und interviewt hatten und zu denen wir uns jetzt irgendwie alle zählen konnten.

Das war eben die Sache. Früher, vor dem digitalen Zeitalter ohne Internet, musste man in ein Büro gehen und Nadelstreifen oder Ähnliches tragen, um das große Geschäft machen zu können. Heute kann dank Laptop und WLAN eigentlich jeder leicht in der Arbeitswelt mitspielen.

Etwa wie in einem Sandkasten eben. Und Mütter sind Menschen der Tat, die schnell, ohne viel zu überlegen, plötzlich eine ganze Sandburg da stehen haben. Ein bisschen, weil sie müssen, aber oft auch, weil sie es mögen.

So sieht es auch Jill Salzman, die in ihrem Berufsalltag immer wieder feststellt, dass gerade Mütter sich schneller und mit viel mehr Selbstsicherheit für die Selbständigkeit und die eigene Geschäftsidee entscheiden. Viele Menschen würden viel Zeit damit verbringen, ihre Ideen für ein Geschäft oder zum Geldverdienen zu planen. »Sie warten ab, fragen sich, ob es der richtige Zeitpunkt ist, und stellen einen ganzen Waschzettel an Gründen, die dagegen sprechen, zusammen, um schließlich noch mehr zu planen«, sagt die Unternehmerin.

Isa und mich haben das letzte Jahr und die Treffen mit den vielen tollen Mama-Managern jedenfalls super-glücklich gemacht. Von jeder unserer erfolgreichen Protagonistinnen haben wir etwas anderes mitgenommen und von jeder etwas abgeguckt. Manchmal war es nur eine Geste oder der Griff nach einem Stück Obst oder die Art, sich kurz zu entschuldigen, aufzustehen, um dann energisch mit einem Geschäftspartner im Hinterzimmer zu diskutieren. Oder auch die Art, dann aufzubrechen und sich auf sein Kind zu freuen, das gerade in der Kita ist.

Die Geschichten aller Frauen haben uns gezeigt, dass wir in einer Zeit leben, in der für uns junge Mütter alles möglich ist – was auch bitteschön so sein soll –, und dass noch viele positive Veränderungen anstehen.

Bis es soweit ist, schaue ich noch ein bisschen aus dem Fenster und träume von Klettergerüsten und Sandkästen im Privatjet mit einer eigenen Schlagsahnesprühanlage inklusive.

Und mal schauen, was wir mit allen diesen Erfahrungen anfangen …

Danksagung

Wir danken ...

... unserer Agentin Petra Eggers fürs An-uns-glauben.

... unseren Lektorinnen Stefanie Werk und Anne Gabler für die tolle Zusammenarbeit.

... dem Aufbau Verlag fürs Realisieren.

... Sebastian Rohde für das geniale Cover.

... Stefanie Luberichs für die Fotos.

... unseren Helden-Müttern Julia Winkels, Katarina Boritzki-Greiner, Tanya Neufeldt, Theresa Zeitz, Friederike Zöllner, Günes Seyfarth, Yasime Orth, Christin Römer und Regina Packeiser.

Isas Dank

Mein erster Dank geht an Dich, Caro. Ohne Dich wäre die Idee zu dem Buch nie so wundervoll umgesetzt worden. Ich freu mich auf noch viele gemeinsame Stunden und Ideen mit Dir.

Ganz besonders danke ich Dir, Philipp, dafür, dass Du all meine beruflichen Pläne, egal wie verrückt sie sind, immer bedingungslos unterstützt, und dass wir uns um das Großwerden unserer Söhne Gustav und Friedrich gemeinsam kümmern.

Ein großer Dank geht an meine Eltern, an meine Mutter, die als berufstätige Frau immer mein Vorbild war und ist, und an meinen Vater, der mich schon in frühester Kindheit lehrte, wie man Ziele steckt und sie erreicht. Meinem Bruder Martin danke ich fürs immer-Bruder-Dasein.

Ich danke besonders Claudia fürs Durchhalten und Weitermachen, um die einmalige Idee zum Blog *hauptstadtmutti* wachsen zu lassen, und für die daraus entstandene Freundschaft.

Esther danke ich für die Beharrlichkeit, die Ausdauer und den Ehrgeiz, um unser Projekt *workyoulove.de* umzusetzen.

Außerdem danke ich Katja, Janine, Josefine, Silja, Cleanie, Kathrin fürs Freundin-sein und allen anderen Spielplatz-Mamis.

Caros Dank

An erster Stelle möchte ich Isa danken. Deine Idee für dieses Buch mit Dir umzusetzen, hat mir auch die Möglichkeit gegeben, einen Stück Weg gemeinsam mit einer sehr besonderen Frau zu gehen, die sicherlich auch in Zukunft, egal auf welchem Kommunikationsweg, schwer erreichbar bleiben wird ... Auf dass unsere Freundschaft ewig hält, Isa!

Von Herzen danke ich meiner Familie: Maxime, Michael (Pausti), meinen Eltern, meiner Schwester Magali und meinem Seelenverwandten Aram. Für die Exile und die Königreiche – ich liebe Euch über alles.

Und ein letzter, aber sehr wichtiger Dank geht an Lola Gonzalez, die ich viel zu selten sehe, weil sie meinen Sohn babysittet und beschützt. Ohne sie wäre dieses Buch nicht einmal eine Zeile lang.

Linkliste

WIR

Blog Stadt Land Mama
http://www.stadt-land-mama.de
Blog Hauptstadtmutti
http://www.hauptstadtmutti.de
Portal Workyoulove
http://www.workyoulove.de
Die Helden-Mütter
Julia Winkels – Agentur BOLD
http://www.boldberlin.com
Friederike Zöllner – Buchlokal
http://www.buchlokal.de
Yasmine Orth – GOERLZCLUB
http://goerlzclub.net
Christin Römer – Apfelkind
http://apfel-kind.de
Katarina Boritzki-Greiner
http://personaltraining-pankow.jimdo.com
Tanya Neufeldt
http://vwww.luciemarshall.com
Regina Packeiser
http://dawanda.de/Shop/TanteRoe
Günes Seyfarth
http://www.mamikreisel.de

Bundesministerium für Wirtschaft und Technologie
Existenzgründungen für Frauen
http://www.existenzgruenderinnen.de
Existenzgründung von Frauen in Berlin
http://www.gruenderinnenzentrale.de
Existenzgründung nach der Ausbildung/dem Studium für Frauen
http://www.womenexist.de
Regionalbüros der IHK, z. B. Berlin
http://www.ihk-berlin.de
Bundesagentur für Arbeit
http://www.arbeitsagentur.de
Initiative Wiedereinstieg
http://www.perspektive-wiedereinstieg.de

FINANZIERUNG
KfW
https://www.kfw.de
Auflistung der Förderprogramme
http://www.existenzgruender.de/selbstaendigkeit/finanzierung/foerderprogramme/index.php

NETZWERKE SELBSTÄNDIGER FRAUEN/
UNTERNEHMERINNENNETZWERKE

Bundesverband der Frau in Business und Management e. V.
http://www.bfbm.de

Deutsches Gründerinnen Forum e. V.
http://www.dgfev.de
Verband Deutscher Unternehmerinnen
http://www.vdu.de
Weiberwirtschaft Berlin
http://www.weiberwirtschaft.de
Käte Ahlmann Stiftung
http://www.kaete-ahlmann-stiftung.de
Deutscher Frauenrat
http://www.frauenrat.de
Digital Media Women
http://www.digitalmediawomen.de
Berlingeekettes
http://berlingeekettes.com
Goerlzclub
http://goerlzclub.net
Bücherfrauen
http://www.buecherfrauen.de
Verband Berufstätiger Mütter
http://www.vbm-online.de

INTERNATIONALE PORTALE/NETZWERKE

Lean In
http://leanin.org
The Founding Moms
http://foundingmoms.com
Working Moms
http://workingmom.com
The Daily Muse
http://www.thedailymuse.com

The Mogul Mom
http://www.themogulmom.com

Gründerszene
http://www.gruenderszene.de
deutsche-startups.de
http://www.deutsche-startups.de
LOB Magazin für berufstätige Mütter und Väter
http://www.lob-magazin.de
brand eins
http://www.brandeins.de

ONLINE-JOBPORTALE FÜR FREELANCE-JOBS
UND CROWDSOURCING-JOBS

Elance
https://www.elance.com
Clickworker
http://www.clickworker.com/de
Edge Amsterdam
http://www.edge-amsterdam.com
Scoopshot
http://www.scoopshot.com
Textbroker
http://www.textbroker.de

ONLINE-MARKTPLÄTZE

DaWanda
http://www.dawanda.de
Etsy
https://www.etsy.com

ONLINE-PROJEKTMANAGEMENT-TOOLS

Asana
http://www.asana.com
Podio
https://www.podio.com
Wunderlist
https://www.wunderlist.com

KINDERBETREUUNG

Kinderfee
http://www.kinderfee.de
Betreut.de
https://www.betreut.de
The Babysittersclub
http://thebabysittersclub.ning.com

LIEFERDIENSTE

Allyouneed.com
https://www.allyouneed.com
Lebensmittel.de
http://www.lebensmittel.de

EDEKA24

http://www.edeka24.de

Die Bringmeister

http://www.bringmeister.de

Rossmann

http://www.rossmannversand.de

dm-drogerie markt

http://www.dm.de

Kommtessen

http://www.kommtessen.de

HelloFresh

http://www.hellofresh.de

Kochzauber

http://www.kochzauber.de

Quellenverzeichnis

Vorwort

Sandberg, Sheryl (2012): »Lean In – Frauen und der Wille zum Erfolg«, Econ Verlag, 2013

CBS (2012): »Sheryl Sandberg pushes women to ›lean in‹«; Link: http://www.cbsnews.com/8301-18560_162-57573475/sheryl-sandberg-pushes-women-to-lean-in/

Focus (2012): »Immer mehr Väter nehmen Elternzeit«; Link: http://www.focus.de/finanzen/karriere/maenner-im-babyjahr-immer-mehr-vaeter-nehmen-elterngeld_aid_773724.html

I. VOM BABY-BLUES ZUR WIEDERGEBURT ALS SELFMADE-MAMA

1. Wochenbett – und dann?

Chua, Amy (2012): »Die Mutter des Erfolgs. Wie ich meinen Kindern das Siegen beibrachte«, Deutscher Taschenbuch Verlag

Druckerman, Pamela (2012): »Warum französische Kinder keine Nervensägen sind«, Mosaik, 2013

2. Ich glaub, mich tritt ein Kind: Von Teilzeit-Stellen, Bewerbungsfallen, Kündigungen und Karriereknicks

L'Institut Francais de l' Education (2012): Nouveau dictionnaire de pédagogie et de l'instruction primaire publié sous la direction de Ferdinand Buisson (édition de 1911), Link: http://www.inrp.fr/edition-electronique/lodel/dictionnaire-ferdinand-buisson/document.php?id=2488

Lajoie, Jon (2008): »Show me your Genitals«, Link: http://www.youtube.com/watch?v=qqXi8WmQ_WM

Bundesministerium für Familie, Senioren, Frauen und Jugend (2012): »Ausgeübte Erwerbstätigkeit von Müttern, Erwerbstätigkeit, Erwerbsumfang, Erwerbsvolumen 2010, Dossier: http://www.bmfsfj.de/RedaktionBMFSFJ/Broschuerenstelle/Pdf-Anlagen/Ausge_C3_BCbte-Erwerbst_C3_A4tigkeit-von-M_C3_BCttern,property=pdf,bereich=bmfsfj,sprache=de,rwb=true.pdf

Raether, Elisabeth (2012): »Die will doch nur spülen«, Zeit Online. Link: http://www.zeit.de/2012/45/Hausfrauen-Lebensmodell

Schmeis, Britta, Deutsche Presse Agentur (2009): »Babyglück ohne Karriereknick«. Link: http://www.n24.de/n24/Wissen/Job-Karriere/d/698508/babyglueck-ohne-karriereknick.html

WSI Gender Daten Portal (2012): »Überblick: Frauen in Vorständen und Aufsichtsräten«. Link: http://www.boeckler.de/39037.htm

Harting, Mechthild (2012): »Immer mehr Frauen sind berufstätig – in Teilzeit«, Faz.de. Link: http://www.faz.net/aktuell/rhein-main/weltfrauentag-immer-mehr-frauen-sind-berufstaetig-in-teilzeit-11676126.html

Connexion Emploi (2012): »Wie wird in Frankreich Familienleben und Berufsleben vereinbart?«. Link: http://www.connexion-emploi.com/de/a/wie-wird-in-frankreich-familienleben-und-berufsleben-vereinbart

Geisel, Sofie (2012): »Vereinbarkeit von Beruf und Familie – Es darf noch ein bisschen mehr sein«, AT Kearny361Grad. Link: http://www.atkearney361grad.de/vereinbarkeit-von-beruf-und-familie-es-darf-noch-ein-bisschen-mehr-sein/

Frey, Carina (2010): »Mit dem ersten Kind zurück an den Herd?«, SZ-Online. Link: http://www.sz-online.de/ratgeber/mit-dem-ersten-kind-zurueck-an-den-herd-136424.html

3. Halt, stopp, ich kann nicht! Oder vielleicht doch?

Familie.de (2012): »Zeit nach der Geburt überfordert junge Mütter«. Link: http://www.familie.de/eltern/artikel/zeit-nach-der-geburt-ueberfordert-junge-muetter/zeit-nach-der-geburt-ueberfordert-junge-muetter/

4. Ideen, Ideen – ich geh dann mal schwanger

Time Lists (2010): »50 Best Websites 2010«. Link: http://www.time.com/time/specials/packages/0,28757,2012721,00.html

Hucklenbroich, Christina (2012): »Die Eltern wollen nur noch überleben«, Faz.de. Link: http://www.faz.net/aktuell/feuilleton/medien/familienmagazine-die-eltern-wollen-nur-noch-ueberleben-11767155.html

Bundesministerium für Familie, Senioren, Frauen und Jugend (2013): »Elternumfrage 2013: Großteil der Eltern profitiert von familienbewussten Arbeitszeiten«. Link: http://www.bmfsfj.de/BMFSFJ/familie,did=196602.html

Deutsche Presse Agentur (2013): »So wenig Firmengründungen wie nie«, Faz.de. Link: http://www.faz.net/aktuell/wirtschaft/konjunktur/arbeitsmarkt-so-wenig-firmengruendungen-wie-nie-12118965.html

Frey, Constance (2010): »Der Job zum Kind«, Badische Zeitung. Link: http://www.badische-zeitung.de/liebe-familie/der-job-zum-kind--38766876.html

Herbold, Astrid (2011): »Die Rückkehr der Heimarbeit«, Zeit Online. Link: http://www.zeit.de/digital/internet/2011-06/internet-handel-onlineshops

Deutsche Presse Agentur (2013): »Fast die Hälfte aller Frauen arbeitet Teilzeit«, Sueddeutsche.de. Link: http://www.sueddeutsche.de/karriere/statistisches-bundesamt-fast-die-haefte-aller-frauen-arbeitet-teilzeit-1.1618103

1. Du wirst das Kind schon schaukeln:
Isa bloggt sich zu Ruhm und Geld

Sprothen, Vera (2004): »Karriere, Kinder, Kompromiss: Courage, Mutter!«, Spiegel Online. Link: http://www.spiegel.de/unispiegel/jobundberuf/karriere-kinder-kompromiss-courage-mutter-a-305339.html

2. Summa cum Baby: Wie Caro das Studium
mit Neugeborenem stemmt

Uchatius, Wolfgang (2013): »Jan Müller hat genug«, Zeit Online. Link: http://www.zeit.de/2013/10/DOS-Konsum

Winkelmann, Ulrike (2012): »Schröders Traum vom Kinde«, Taz. Link: http://www.taz.de/!102063/

5. Stillen, stöbern und durchstarten. Oder: Warum Mütter
die besseren Manager sind

Deutsche Presse Agentur (2013): »Fast die Hälfte aller Frauen arbeitet Teilzeit«, Sueddeutsche.de. Link: http://www.sueddeutsche.de/karriere/statistisches-bundesamt-fast-die-haefte-aller-frauen-arbeitet-teilzeit-1.1618103

Bennhold, Katrin (2011): »Women Nudged Out of German Workforce«, New York Times. Link: http://www.nytimes.com/ 2011/06/29/world/europe/29iht-FFgermany 29.html?pagewanted=all

Statistisches Bundesamt (2012): »Kinderbetreuung in Deutschland 2012«. Link: https://www.destatis.de/DE/PresseService/Presse/Pressekonferenzen/2012/kindertagesbetreuung/begleitmaterial_PDF.pdf?__blob=publicationFile

6. Where's the Daddy? Oder: Vom Kampf mit Papa, um einen Kita-Platz und andere Formen der Bestechung

Schmitt, Stefan (2012): »Väter in Vollzeit-Elternzeit: Es geht um Jahre«. Link: http://www.taz.de/!106230/

9. Und plötzlich gehört mein Hobby allen: Regina verkauft Handgemachtes auf DaWanda!

Herbold, Astrid (2011): »Die Rückkehr der Heimarbeit«, Zeit Online. Link: http://www.zeit.de/digital/internet/2011-06/internet-handel-onlineshops

III. DIE BESTE MUTTER DER WELT – DAS BIST DU!

1. Und jetzt reicht's!

Deutsche Presse Agentur (2012): »Überfordert: Zahl psychisch kranker Mütter steigt«, Spiegel Online. Link: http://www.spiegel.de/gesundheit/diagnose/psychische-erkrankungen-bei-muettern-nehmen-zu-a-843614.html

2. Und sie lebten glücklich und zufrieden

Weiß, Yvonne (2010): »Die glückliche Mutter: ein Mythos!«, Hamburger Abendblatt. Link: http://www.abendblatt.de/hamburg/article1475060/Die-glueckliche-Mutter-ein-Mythos.html

3. Die Zukunft der Mompreneurs

Wirtschaftswunder Berlin-Brandenburg (2013): »Hauptstadt der Gründerinnen«. Link: http://www.wirtschaftswunder-bb.de/magazin/ausgabe-juli-september-2012/hauptstadt-der-gruenderinnen.html

MIRIAM COLLÉE
In China essen sie den Mond
Ein Jahr in Shanghai
272 Seiten
ISBN 978-3-7466-2686-4

(Über-)Leben im Reich der Mitte

Ein kleines Haus an der Alster, eine Schaukel im Garten, die Bio-kiste vor der Tür – eine junge Familie scheint am Ziel ihrer Träume angelangt. Wäre da nicht das Jobangebot aus China: Miriam, 35, Tobias, 37, und Amélie, 3, ziehen in ein Reihenhaus nach Shanghai, wo sie es als einzige Langnasen in chinesischer Nachbarschaft mit Fengshui-Geistern, toten Hühnern auf der Wäscheleine und Tupperdosen-Toiletten zu tun bekommen.
Die STERN-Journalistin Miriam Collée erzählt von einem außerge-wöhnlichen Abenteuer, das sie mit viel Humor, Liebe, Verzweiflung und Tsingtao-Bier überlebte.

»*Witziger Abenteuerbericht.*« FREUNDIN

»*Aufschlussreich, charmant und sehr lustig!*« EMOTION

Mehr Informationen erhalten Sie unter www.aufbau-verlag.de
oder in Ihrer Buchhandlung

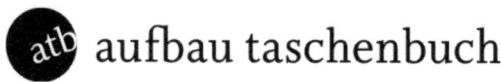

RICARDO COLER
Das Paradies ist weiblich
Eine Reise ins Matriarchat
Aus dem argentinischen Spanisch
von Sabine Giersberg
176 Seiten
ISBN 978-3-7466-7080-5
Auch als E-Book erhältlich

Im Reich der Frauen

Monatelang lebte der Journalist Ricardo Coler im Süden Chinas unter den Mosuo, einem der letzten Matriarchate dieser Welt. Er wollte mit eigenen Augen sehen, wie eine Gesellschaft funktioniert, in der die Frauen das Sagen haben und über das Vermögen der Sippe verfügen. Eine Gesellschaft, in der Mann und Frau nie als Paar zusammenleben, gemeinsamen Besitz erwirtschaften und eine Familie gründen. Eine Gesellschaft, in der Kinder nicht wissen, was ein Vater ist, und dennoch glücklich und behütet aufwachsen.
Ein faszinierender, farbenfroher Bericht aus einer Welt, der unsere Vorstellungen von Männlichkeit und Weiblichkeit auf den Kopf stellt.

»Ein absolut mitreißender Bericht.« ELLE

Mehr Informationen erhalten Sie unter www.aufbau-verlag.de
oder in Ihrer Buchhandlung

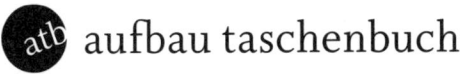

atb aufbau taschenbuch